高校 これでわかる
英文法

文英堂編集部 編

文英堂

基礎からわかる！

成績が上がるグラフィック参考書。

1 ワイドな紙面で，わかりやすさバツグン

2 わかりやすい図解と斬新レイアウト

3 イラスト満載，面白さ満杯

4 どの教科書にもしっかり対応
- ▶ 工夫された導入で，英語が身近なものに感じられる。
- ▶ 「基本編」「発展編」の2部構成で，基礎から無理のない学習ができる。
- ▶ 覚えるべき例文は「基本例文」として明示。
- ▶ POWER UP を読めば，難問も楽々クリアー。
- ▶ 特集ページや Tea Time で，学習の幅を広げ，楽しく学べる。

5 章末の練習問題で試験対策も万全！

もくじ

Part 1 基本編

1 文の成り立ち 12
1 文はまとまった意味を表す 13
2 文は語順が大切 13
3 〈主語＋(述語)動詞〉が英語の基本 14

2 文の種類 18
1 平叙文は文の基本形 19
2 疑問文は答え方に注意 19
3 命令文と感嘆文 21

3 動詞 24
1 be 動詞と一般動詞 25
2 3・単・現は絶対のルール 27
3 他動詞と自動詞 28

4 文構造(1) 32
1 文構造[文型]を学ぶ前にこれだけは 33
2 5つの文構造[文型]を理解しよう 34
3 特殊な構文もある 36

5 現在形・過去形；進行形 40
1 動詞は変化する 41
2 現在形の用法 42
3 過去形の用法 42
4 進行形の用法 43

6 未来を表す表現 48
1 未来は〈will ＋動詞の原形〉で表す 49
2 be going to ＋動詞の原形 50

7 完了形(1) 現在完了形 54
1 力点は現在だ ― 現在完了形 55
2 現在完了形には3つの顔がある 56

8 助動詞(1) 62
1 助動詞には共通性がある 63
2 基本的な助動詞 can, may, must 63

9 受動態(1) 68
1 能動態 ⇄ 受動態 69
2 受動態をつくれる文型は3つ 70
◼ 動詞の活用に強くなろう
　　不規則動詞の変化表 76

10 不定詞(1) …………… 78
1 名詞的用法の不定詞 …………… 79
2 形容詞的用法の不定詞 ………… 81
3 副詞的用法の不定詞 …………… 82

11 動名詞(1) …………… 88
1 動名詞の働きは不定詞と似ている … 89
2 目的語としての動名詞・不定詞 …… 90

12 分 詞(1) …………… 94
1 分詞が名詞を修飾する用法 …… 95
2 分詞が補語になる用法 ………… 96

13 名 詞(1) …………… 100
1 名詞には5種類ある …………… 101
2 名詞の複数形
　― 規則変化と不規則変化 …… 102

14 代名詞(1) …………… 106
1 英語では必ず人称代名詞を示す … 107
2 -self (再帰代名詞) の用法 ……… 108

Tea Time カタカナ英語・和製英語
　………………………………… 112

15 形容詞 …………… 114
1 形容詞には2つの用法がある …… 115
2 数・量を表す形容詞に注意 …… 116
▶ 数詞に強くなろう
　数の読み方 ………………… 118

16 副 詞(1) …………… 122
1 副詞の働きと位置 ……………… 123
2 副詞の形は -ly だけじゃない …… 124

17 疑問詞 …………… 128
1 疑問詞は文頭におかれる ……… 129
2 間接疑問は語順がポイント …… 130

18 関係詞(1) …………… 134
1 関係代名詞は〈接続詞＋代名詞〉… 135
2 関係副詞は〈接続詞＋副詞〉 …… 139

19 比 較(1) …………… 144
1 形容詞・副詞は形をかえる …… 145
2 原級を用いた比較 ― as 〜 as … 146
3 比較級を用いた比較 …………… 147
4 最上級を用いた比較 …………… 148

20 前置詞 …………… 152
1 前置詞の働き …………………… 153
2 場所・方向を表す前置詞 ……… 154
3 時を表す前置詞 ………………… 156

21 接続詞 …………… 160
1 等位接続詞 ― and, but, or など … 161
2 従属接続詞 ― that, when など … 162
3 名詞節を導く that, if [whether] … 163
4 いろいろな意味を表す副詞節 …… 164

22 時制の一致；話法 …… 170
1 時制の一致の考え方 …… 171
2 直接話法と間接話法 …… 172
3 話法の転換 — 平叙文の場合 …… 173
4 疑問文・命令文の伝達 …… 174

23 仮定法(1) …… 178
1 仮定法のポイントは動詞の形 …… 179
2 仮定法過去の文 …… 180

24 否　定(1) …… 184
1 代表的な否定語 …… 185
2 few, little, hardly など — 準否定 …… 186

25 倒置・強調 …… 190
1 強調のための倒置 …… 191
2 倒置以外にも強調する方法はいろいろある …… 192

Tea Time　World Heritage Sites 世界遺産 …… 196

Part 2 発展編

26 句と節のまとめ …… 200
1 句と節の違いは〈S + V〉の有無 …… 200
2 単文 ⇄ 重文 ⇄ 複文 …… 201

27 文構造(2) …… 204
1 目的語・補語になる名詞節 …… 204
2 it とともに用いられる名詞節 …… 205

28 完了形(2) 過去完了・未来完了 …… 208
1 過去完了は過去のある時が基準 …… 208
2 未来完了は未来のある時が基準 …… 210

29 助動詞(2) …… 214
1 will, shall；would, should …… 214
2 その他の助動詞 …… 216
3 助動詞＋完了形 …… 217

30 受動態(2) …… 220
1 群動詞の受動態 …… 220
2 by 以外の前置詞を用いる受動態 …… 221
3 完了形・進行形の受動態 …… 222

31 不定詞(2) …… 226
1 to のない不定詞＝原形不定詞 …… 226
2 be 動詞＋ to ～, seem to ～ …… 227
3 不定詞の否定形・完了形など …… 228

32 動名詞(2) ……… 232
1 動名詞の意味上の主語 ……… 232
2 動名詞の否定形・完了形・受動態 ……… 232
3 動名詞を含む慣用表現 ……… 233

33 分 詞(2) 分詞構文 ……… 236
1 分詞構文の形 ……… 236
2 分詞構文の表す意味 ……… 237
3 注意すべき分詞構文 ……… 238

34 名 詞(2) ……… 242
1 名詞の用法 ― 5種類の名詞 ……… 242
2 名詞の所有格 ……… 244
   ■ 冠詞に強くなろう ……… 246
   a [an], the の用法

35 代名詞(2) ……… 250
1 one, none, other, another ……… 250
2 some, any ……… 252
3 each, every, all, both など ……… 253

36 副 詞(2) ……… 256
1 句・節や文全体を修飾する副詞 ……… 256
2 副詞の働きをする名詞(句) ……… 257

37 関係詞(2) ……… 260
1 制限用法と非制限用法 ……… 260
2 複合関係詞 ― -ever のついた関係詞 ……… 262

38 比 較(2) ……… 266
1 原級を用いた重要構文 ……… 266
2 比較級を用いた重要構文 ……… 267
3 最上級を用いた重要表現 ……… 269
   Tea Time ことわざ・格言 ……… 272

39 仮定法(2) ……… 274
1 仮定法過去完了 ……… 274
2 should, were to を用いる仮定法 ……… 275
3 仮定法を含む慣用表現 ……… 276

40 否 定(2) ……… 280
1 部分否定と全体否定 ……… 280
2 いろいろな否定表現 ……… 281

41 省略・挿入・同格 ……… 284
1 省略の基本パターン ……… 284
2 挿入 ― 文の要素から独立した言葉 ……… 285
3 同格 ― 名詞が2つ並んでいる ……… 286

42 名詞表現・無生物主語 ……… 290
1 名詞表現は英語独特の表現 ……… 290
2 無生物主語の文は訳し方に工夫 ……… 291
   ■ 論理展開に強くなろう
      つなぎ語の役割 ……… 296

● さくいん ……… 298

はじめに

英語の世界に出かけよう

　現在英語はどれほど多くの人に，またどこで話されているのでしょうか。英語が第一言語[母国語]として話される国は，英国，米国，カナダ，オーストラリア，ニュージーランド，アイルランドなどで，それらの人口を合計すると約４億人弱と言われています。さらに英語を第二言語[公用語など]として，また外国語として使用する人々を加えると，その数は約18億人になります。全世界の人口の約４人に１人が何らかの形で英語を使っていることになります。

　中国語を話す人々は約13億人と言われ，英語を話す人々よりも多いのですが，話す地域はほとんどが国内に限られており，国外では使用者が少ないのです。その中国でも小学校から英語が教えられています。まさに英語は事実上の世界の標準語として受け入れられているのです。

　皆さんの中には勉強や趣味にインターネットを活用している人も多いと思います。ネットの世界でも圧倒的に多く用いられている言語はやはり英語です。英語を習得すれば，このような世界の一員としてのパスポートが得られるのです。

誰でも英語が得意になれる

　英語は皆さんが考えているほどむずかしい言葉ではありません。英語が苦手だと言う人は食わず嫌いがほとんどだと思います。

　英語は発音も文の構造も日本語とかけ離れています。しかし，最初のうちは，ちゃんとした発音で言わなきゃと身構えたり，主語の次は動詞が来て，動詞は３単現の

sをつけて…など細かいことは気にしないで，自分の考えを大きな声ではっきり言いましょう。乱暴な言い方をすれば，単語だけでも通じることがあります。

それができるようになったら短い文を言ってみましょう。

最初は2語の文を言ってみましょう。たとえば，

Good morning.「おはよう」　　Get up.「起きて」
Sit here.「ここに座って」　　Please eat.「召し上がってください」
Don't go.「行かないで」　　Stay here.「ここにいて」
Thank you.「ありがとう」

ふだん皆さんが使っている言葉はこの中にありませんか。皆さんも日常で英語を話しているのです。

2語の文に慣れたら，次は3語の文を練習しましょう。

How are you?「元気ですか」― I am fine.「私は元気ですよ」
Who are you?「だれですか」― I am Takuya.「卓也です」
What time?「何時ですか」― It is five.「5時です」
I like English.「私は英語が好きです」
My father likes golf.「父はゴルフが好きです」
She studies English.「彼女は英語を学びます」
They eat lunch.「彼らは昼食を食べます」

この2語の文（主語＋動詞）か3語の文（主語＋動詞＋補語または主語＋動詞＋目的語）が，英語の構文の80パーセント以上をしめます。どうですか。英語はむずかしくないでしょう。この2語の文，3語の文に慣れたら，聞いたり，読んだり，しゃべったりすることが楽しくなりますよ。

英語の世界にチャンネルを切りかえよう

　友達と話をしている時，ふとおもしろいことに気づきました。日ごろ何気なく話をしているときに使っている言葉と，書き言葉は違うんだと。何気なく使っているのは，自然体の言葉でしょうか。

　たとえば，「幸運ならね」と言うところを，友達は「ついてたらね」とやさしい言葉を使っていました。そこで友達が話す言葉を頭の中で，英語に置きかえてみました。「ついてたらね」を英語にするのはむずかしいけれど，「幸運ならね」なら "If you are lucky" と簡単に言いかえることができました。

　「何をおこってるの？」とたずねるのは，英語では "What made you angry?" と言うのかな？

　友だちから探していた本を手渡されました。「ほら，これだよ」。これは英語にするのはむずかしかったけれど "Here you are!" が当てはまりそうです。

　このように日本語のぴったりする言葉や表現を探して英語にしていたら，日本語から英語へのチャンネルの切りかえがむずかしくなくなってきました。

英語は基本が大切

　どうですか。英語への食わず嫌いはなくなってきましたか。「な～んだ，英語ってむずかしくないじゃない」と思えるようになったらこっちのものです。

　次はこの本の出番です。この本で英語のルール〔英文法〕を覚えましょう。単語を並べるだけでも通じる場合がありますが，自分の意見や考えをきちんと述べたり，将来，英語を使って仕事をしたいと思っている人は，英語のルールをマスターしましょう。「受験英語は実際は役に立たない」とか「TOEICや英検で高いレベルに達していてもビジネスでは役立たない」とか言われる場合があります。英語に限らず，一定のレベルの知識と技術を持っていることと，それらを活用できる〔＝仕事ができる〕ということは違います。現場では，英語の知識と技術以外にその場で必要な事柄を学ぶ必要があります。例えばビジネスでは仕事の内容や流れを知る必要があり，それらはその場面で活動しながら学ぶことになります。しかし，英語を使う限り，基本となる文法の知識が大切なことに変わりありません。基本をしっかり学ぶことによって，どんな場面でも対応できる応用力を身につけることができます。

本書の特徴

各章の導入の部分について

　この本の「基本編」では各章のはじめに導入の部分を設けてあります。会話や身近な内容を用いてそれぞれの項目を説明しているので，皆さんは「ああ，これからこんなことを勉強するんだな」とか，「この項目は簡単に言えばこんな内容なのか」とすんなりと頭に入ってくるでしょう。イメージをつかんでおけば，細部の理解が早くなるのです。このようにまず全体像をつかんでから中に入っていけるように工夫してあります。

　「木を見て森を見ず」ということわざは，「細部にとらわれて全体が見えない」のたとえですが，英語の学習でも同じことが言えます。初めに「何をやるのか」という全体像を描いていないと，「木」ばかり見て，「森」が見えなくなってしまいます。

理解を助けるイラストや写真

　本書にはもう一つ特色があります。それはできるだけ多くのイラストや写真を入れたことです。これにより従来の文法書とは一味違った仕上がりになっており，文字だけでは表せない雰囲気や状況をより容易に理解できるように工夫してあります。

　さらに，本書を学習し終えたあとでその成果を確かめたい人のためには，問題集「これでわかる問題集　英文法基礎」も用意してありますので，必要に応じて活用してください。

May you succeed in learning English!
（皆さんの英語学習の成功を祈ります）

What attracts people to New York from all over the world?   What on earth exists there?   In no distant future, I'm sure to stand on the corners of the streets and find the secrets.

何が世界中の人々をニューヨークへ引き寄せるのだろう？　いったいそこに何があるのだろう？　遠くない未来に，私は必ずその街路の角に立ち，その秘密を見つけ出すのだ。

魅力的な街ニューヨーク（アメリカ）

Part 1
基本編

1 文の成り立ち
並べてみよう――語順が大切

イメージを描こう

真穂：日本語の「犬が人をかむ」を，語順を入れかえて言うことができる？

卓也：できるよ。簡単じゃない。「人を犬がかむ」「犬がかむ，人を」「人をかむ，犬が」とも言えるから，4通りのいい方ができるね。

真穂：意味はどう？

卓也：まあ，少しニュアンスは違ってくるけれど，「犬が人をかむ」という伝えてる事実に変わりないな。

真穂：じゃあ，英語だとどうかしら。

卓也：えっと，英語で「犬が人をかむ」は，"A dog bites a man."だから…，"A man bites a dog."としか言えないな。

真穂：そうよね。意味はどう？

卓也：意味は「犬が人をかむ」と「人が犬をかむ」???　あれ？

真穂：気がついたわね。英語では，語順を入れかえることは，かなり大きなことなのよ。

卓也：そうなのか。日本語より入れかえる選択肢が少ないうえ，意味まで変わってしまうんだね。

真穂：だから，英語は語順がとても大切なのよ。

文の形・語順

英語の意味は，左の真穂さんと卓也君の話に出てきたように日本語と違って，語順によって決まります。

「～が[は]」を表す語(ここでは a dog「犬が」)は，英語では必ず最初にきます。

「～を」「～に」を表す語(ここでは a man「人を」)は，動詞の後にきます。

この順序が逆になると，意味はまったく違ったものになります。

ですから，英語を理解するためには，語順を意識して，理解することが極めて大切になってきます。

1 文はまとまった意味を表す

いくつかの語(word)が一定の順序に並べられて，まとまった意味を表すものを**文**という。文は**必ず大文字で始め**，ピリオド(．)，疑問符(？)，感嘆符(！)のいずれかで終える。

1 主部と述部

文には，文の主題を示す部分である**主部**(Subject)と，主部について説明する部分である**述部**(Predicate)がある。

> 基本例文
>
> | 主部 | 述部 |
> |---|---|
> | 1 □ **My office** | **is** in the center of the city. |
> | （私の会社は | 市の中心にある） |
> | 2 □ **I** | **drive** to my office every morning. |
> | （私は | 毎朝車で会社に行く） |

2 主語と述語動詞

主部の中心になる語を**主語**，述部の中心になる語を**述語動詞**という。主語になるのは，名詞，代名詞，および名詞に相当する語句である。なお，主部と主語，述部と述語動詞が一致することもある。上の基本例文で，太字の部分がそれぞれ主語，述語動詞である。

注意 (1) 〈主部＋述部〉の形にならない文もある。
　Stand up.　（立ちなさい）　〔命令文〕
　　述部

(2) will be, have done など助動詞がある場合は，助動詞も含め一つの述語動詞と考える。
　She **can swim** very well.
　主語　述語動詞
　（彼女はとても上手に泳げる）

2 文は語順が大切

前ページで述べたように，同じ単語でも，その並べ方で文の表す意味が変わる。単語の並べ方には決まったルールがあるので，自分の思っていることを正確に話し相手に伝えるためには，そのルールに従わなければならない。そのルールについて例を見ながら考えてみよう。

▲ ゾウの群れ。最年長の雌ゾウが先頭に立つ。

× ① Gave Jack yesterday Mary present a.
○ ② *Jack* gave *Mary* a present yesterday.
（ジャックは昨日メアリーにプレゼントをあげた）
○ ③ *Mary* gave *Jack* a present yesterday.
（メアリーは昨日ジャックにプレゼントをあげた）

　①の文は、並べ方の法則を知らない人が書いた文で、全然だめな文。何のことかさっぱりわからない。②③の文は、並べ方の法則に従った正しい文。

　ところで、②③の文を比べてみると、大きな違いがあることに気づくだろう。贈り物をする人ともらう人が逆になっている。このように、英語の文では**単語[言葉]の順序が変わると、意味がすっかり違ってしまう**。だから、英語の文では言葉を並べる順序が非常に大切だ。

> (1) 英語の文は、単語を並べるのに決まった順序がある。
> (2) 単語の並べ方が違うと、意味も変わってくる。

3 〈主語＋（述語）動詞〉が英語の基本

　日本語は、「〜は[が]」という助詞をつけて主語を表すことができる。だから主語は文中のどこにあっても主語だとわかる。ところが、英語には助詞にあたる言葉がないので、言葉の順序によってある語を主語だとわからせる必要がある。つまり、主語が先頭、続いて述語動詞というように、**言葉の順序が決まっているのが英語**なのだ。

英文の基本語順

語順→	1	2	3	4	5
	主語(は, が)	述語動詞	(に)	(を)	修飾語
	Jack	gave	Mary	a present	yesterday

■ 英文の基本的なパターンは5つ

　英文を作るには語順がきわめて大切であるが、この語順には基本的に5つのパターンがある。

文型＼語順	1 →	2 →	3 →	4 →
S＋V	主　語	述語動詞		
S＋V＋C	主　語	述語動詞	補　語	
S＋V＋O	主　語	述語動詞	目的語	
S＋V＋O₁＋O₂	主　語	述語動詞	目的語	目的語
S＋V＋O＋C	主　語	述語動詞	目的語	補　語

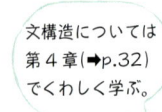

文構造については第4章（→p.32）でくわしく学ぶ。

POWER UP

1 〈主語＋述語動詞〉の語順にならない文もある。

英文を作る場合は前ページのパターンに従って言葉を並べ，その語順を勝手に変えることはできないが，次のような文では，また別の語順になる。これらの文については，それぞれの章で勉強しよう。

〔語順が変わる文〕

疑問文 ➡ p. 19　　感嘆文 ➡ p. 21
命令文 ➡ p. 21　　強調文 ➡ p. 192
倒置文 ➡ p. 191　　その他特別な文

（例）疑問文

動詞　主語　　補語　　修飾語
Is Mt. Fuji the highest in Japan?
（富士山は日本で一番高いですか）

英語の格は3つあるのね。

2 「格」とは他の語との関係を示す形——英語の格変化

主　格 —— 主語の位置で使われる形。
所有格 —— 「～の」と所有を表し，名詞の前で使われる。
目的格 —— 「～を，～に」と目的語になり，動詞や前置詞の後で使われる。

〔格変化の例〕

	主　格	所有格	目的格
（人称代名詞）	I you he	my your his	me you him
（疑問代名詞）	who	whose	whom
（関係代名詞）	who which	whose whose	whom which
（名　詞）	Jack father	Jack's father's	Jack father

〔文中での例〕

I bought **her** a nice dress.
（私は彼女にすてきな服を買った）

He drove **my father's** car.
（彼は私の父の車を運転した）

THE CHECK

- ① いくつかの語が一定の順序で並べられて，まとまった意味を表すものを（　　　）と言う。　　① ➡ p. 13
- ② 主部の中心となる語を（　　　），述部の中心となる語を（　　　）と言う。　　② ➡ p. 13
- ③ She can swim very well. の述語動詞はどれですか。　　③ ➡ p. 13
- ④ 英語の5つの文構造［文型］を答えなさい。　　④ ➡ p. 14
- ⑤ 〈主語＋動詞〉という語順が変わるのはどんな文ですか。　　⑤ ➡ p. 15
- ⑥ Is Mt. Fuji the highest in Japan? の主語は何ですか。　　⑥ ➡ p. 15
- ⑦ 英語の格変化の3つの形を答えなさい。　　⑦ ➡ p. 15

テスト直前 これだけは！ 練習問題にチャレンジ

Words & Idioms

A 次の(1)〜(5)のうち，文でないものを番号で答えなさい。

(1) Lovely flowers have come out in the park.
(2) Shall we go there to see them?
(3) Yes, let's.
(4) a few eggs and a little milk
(5) How beautiful!

(1) *lovely* 美しい
come out （花が）咲く
(2) *Shall we 〜?* 〜しましょうか

B 次の語群をピリオドや適当な符号で区切り，必要な文字は大文字にして，いくつかの正しい文になおしなさい。

(1) hello tom good morning how are you is everything all right with you

(2) look at this picture a young lady has a bag in her right hand what does she have in her left hand

C 次の文の主語と述語動詞を指摘しなさい。

(1) All the students in our class like sports very much.
(2) There are a lot of carp in the pond.
(3) What a beautiful rainbow it is!
(4) Please bring me the newspaper on the table.
(5) Will you play tennis with me after school?
(6) When did your father leave for Hong Kong?

(2) *carp* こい
pond 池
(3) *rainbow* 虹
(6) *leave for 〜* 〜へ出発する
Hong Kong 香港

D 日本文の意味を表すように，（　）内の語句を並べかえなさい。

(1) 道子は来月シアトルを訪れます。
(Seattle / will / Michiko / visit) next month.

(2) 彼女はメアリーに会う予定です。
(Mary / she / going / see / is / to).

(3) メアリーは彼女に会うのを楽しみに待っています。
Mary (looking / to / is / seeing / her / forward).

(3)「〜を楽しみに待つ」
look forward to -ing

Check your Answers, OK?

考え方

(1) 大文字で始まり，ピリオドで終わっている。
　　主語・述語動詞があり，まとまった意味を持つ。
(2) 疑問文では，主語は文頭にない。
(3) 主語がなくても文である。
(4) 主語・述語動詞がなく，語の集まりである。
(5) 主語・述語動詞が省略された感嘆文。

答

(4)

文頭と固有名詞の大文字，コンマ，ピリオド，クエスチョンマークなどに注意する。
(1) 「やあ，トム。おはよう。元気かい？かわったことはないかい？」という文。
(2) 「この写真を見てごらん。若い女性が右手にかばんを持っている。彼女は左手に何を持っているかな？」という文。

(1) Hello, Tom. Good morning! 〔または Hello, Tom, good morning.〕How are you？ Is everything all right with you?
(2) Look at this picture. A young lady has a bag in her right hand. What does she have in her left hand?

---

(1) まず全体を主部と述部に分けてみるとよい。主部が長いので注意。
(2) 文頭の **There** は主語ではない。
(3) 感嘆文。〈主語＋述語動詞〉は文尾にある。
(4) 命令文ではふつう主語は示されない。
(5) 〈助動詞＋動詞〉で1つの述語動詞と考える。
(6) 文頭の **When** は疑問詞。

(1) 〔主語〕students 〔述語動詞〕like
(2) 〔主語〕carp 〔述語動詞〕are
(3) 〔主語〕it 〔述語動詞〕is
(4) 〔述語動詞〕bring
(5) 〔主語〕you 〔述語動詞〕Will...play
(6) 〔主語〕father 〔述語動詞〕did...leave

---

(1) 主語の「道子」を文頭におく。will を用いて未来を表す文にする。
(2) 「～する予定です」〈be going to ＋ 動詞の原形〉
(3) look forward to の to が前置詞のため，あとには名詞か動名詞[-ing 形]がくる。

(1) Michiko will visit Seattle (next month).
(2) She is going to see Mary.
(3) (Mary) is looking forward to seeing her.

1 文の成り立ち

文の種類

意味のうえから文の種類を考えてみよう

イメージを描こう

健太：あっ，痛っ！
由紀：(a)どうしたの？
健太：(b)石につまずいたんだ。
由紀：さっきから上ばかり見て
　　　歩いているからよ。
　　　(c)足元に気をつけなさいよ。
　　　どうして上を見ていたの？
健太：うーん。(d)なんとすき通って，
　　　きれいな空なんだ，と思って。
由紀：あら，健ちゃん，あなたって意外
　　　と詩人なのね。見なおしたわ。

文には4種類ある

　私たちが会話をしたり，文を書いたりするとき，いろいろな種類の文を使って自分の意見や感情を表現します。

　上の会話は，すべて文ですが，下線を引いた文に注目してみましょう。それぞれの文の型に特色があることがわかりますね。

　そうです。文には，

　　平叙文　疑問文　命令文　感嘆文

の4種類があります。

　この4種類の文は，それぞれパターンと語順が決まっています。これがくずれると，意味のない文になってしまいます。

　この章では，文の種類を中心に勉強しましょう。

　上の会話で下線が引かれている文 (a) 〜 (d) を文の種類で示すと，次のようになります。

　　(a) 疑問文　　(b) 平叙文
　　(c) 命令文　　(d) 感嘆文

1 平叙文は文の基本形

事実をそのまま述べる文が**平叙文**。あとで勉強する疑問文・命令文・感嘆文以外の文はすべて平叙文である。**ピリオド**(.)で終わり，**肯定文**と**否定文**がある。

〔**肯定文**〕 He **lives** in Kobe. 　（彼は神戸に住んでいる）
〔**否定文**〕 I **do not live** in Kobe. 　（私は神戸に住んでいない）

否定文の作り方

(1) **be 動詞，助動詞のある文** ⟶ be 動詞，助動詞のあとに **not** をつける。

This kitten **is** cute. 　　　　　　　　This kitten **is not** [**isn't**] cute.
（この子ネコはかわいい）　　　　　　　（この子ネコはかわいくない）

Jill **can operate** a computer. 　　　Jill **cannot**[**can't**] **operate** a computer.
（ジルはコンピューターを操作できる）　（ジルはコンピューターを操作できない）

(2) **一般動詞のある文** ⟶ 一般動詞の前に **do**[**does, did**] **not** をつける。

Mary **keeps** a diary. 　　　　　　　Mary **does not** [**doesn't**] **keep** a diary.
（メアリーは日記をつける）　　　　　　（メアリーは日記をつけない）

2 疑問文は答え方に注意

人にものをたずねる文が**疑問文**。文尾に必ず**クエスチョンマーク**(?)をつける。Yes / No 疑問文，wh- 疑問文，選択疑問文，付加疑問文の4つに分けられる。

1 Yes / No 疑問文

疑問詞を用いず，Yes / No で答えられる疑問文。作り方は次の通り。

> (1) be 動詞，助動詞のある文
> 　➡〈Be 動詞＋主語～ ?〉/〈助動詞＋主語＋動詞の原形～ ?〉
> (2) 一般動詞のある文 ➡〈Do [Does / Did]＋主語＋動詞の原形～ ?〉

基本例文　　　　　　　　　　　　　　　　　　　　　　　　　　一般疑問文

1□ **Are** *you* a college student? ── Yes, I am. / No, I am not.
　　（あなたは大学生ですか。── はい，そうです / いいえ，ちがいます）

2□ **Can** *you* **read** an English newspaper? ── Yes, I can. / No, I can't.
　　（英字新聞を読めますか。── はい，読めます / いいえ，読めません）

3□ **Do** *you* often **use** e-mail? ── Yes, I do. / No, I don't.
　　（よく電子メールを利用しますか。── はい，利用します / いいえ，利用しません）

2 文の種類

否定疑問文

「～ではないのですか」「～しないのですか」と否定的にたずねる疑問文を**否定疑問文**という。Don't, Isn't のような**否定の短縮形**を文頭に置く。

Aren't you his brother?　　（あなたは彼の兄さんではないのですか）
　── Yes, I am.　　　　　　（**いいえ**，そうです）……彼の兄さんだ
　── No, I am not.　　　　　（**はい**，ちがいます）……彼の兄さんではない

答え方に注意。否定形でたずねられても，答えの内容が肯定なら **Yes**，否定なら **No** である。Yes, No の訳は，日本語の「はい」「いいえ」と一致しないことがある。

❷ wh- 疑問文

疑問詞を用いる疑問文。**疑問詞は文頭**に置かれ，あとは一般疑問文と同じ語順になる。wh- 疑問文には Yes / No で答えられない。（➡p.129）

　What is that building? ── It's the City Hall.
　（あの建物は何ですか。── 市役所です）

❸ 選択疑問文

or(～かまたは…)を含む疑問文のこと。2つ(以上)の中からどちらであるかをたずねる疑問文である。Yes / No では答えられない。

　Did you come here by bus **or** by car?　（ここにはバスで来たのですか，それとも車ですか）
　── I came here by bus.　　　　　　　（バスで来ました）

❹ 付加疑問文

平叙文のあとに簡単な疑問形をつけ加える疑問文。相手に同意を求めたり(↘で読む)，相手に問いかけて確認する(↗で読む)場合に用いる。

(1) 肯定文には否定の疑問形	(2) 否定文には肯定の疑問形
否定の短縮形＋代名詞	肯定の(助)動詞＋代名詞

基本例文　　　　　　　　　　　　　　　　　　　　　　　　　　　　（付加疑問文）

1□ You *are* a teacher of English, **aren't you?** ── Yes, I am.
　　（あなたは英語の先生ですね。── ええ，そうです）

2□ The Giants *didn't* win the game, **did they?** ── Yes, they did.
　　（ジャイアンツはその試合に勝たなかったね。── いいえ，勝ったよ）

3□ You *can* see a big bridge, **can't you?** ── Yes, I can.
　　（大きな橋が見えますね。── はい，見えます）

Q 命令文や There is ～. の文につける付加疑問は？

A 命令文には **will you? / won't you?** を，Let's ～. の文には **shall we?** をつけます。

Close the door, **will [won't] you?**
（ドアを閉めてくれませんか）

Let's have a party, **shall we?**
（パーティーをしましょうよ）

There is[was] ～. の文には，
肯定文には〈否定の短縮形＋**there**〉，
否定文には〈肯定の(助)動詞＋**there**〉。

There isn't a shop at the corner, **is there?** ── No, there isn't.
（あの角には店はないね。──ええ，ないですよ）

3 命令文と感嘆文

命令文 目の前にいる相手（＝you）に「～しなさい」「～してください」といった命令，要求，禁止などを表す文。ピリオドまたは感嘆符（!）で終わる。ふつう主語の You を省略して，動詞の原形で始める。

感嘆文 「なんて～だろう」といった驚き，喜び，悲しみなどの強い感情を表す文。What を使う場合と，How を使う場合の2つの型があり，文尾には感嘆符（!）をつける。

〈**What**（＋**a**[**an**]）＋形容詞＋名詞＋主語＋述語動詞 !〉
〈**How**＋形容詞[副詞]＋主語＋述語動詞 !〉

基本例文
1. □ **Take** your seat, please. （どうぞおすわりください）
2. □ **Be** kind to others. （他人には親切にしなさい）
3. □ **Don't go** out after dark. （暗くなってから外出してはいけない）
4. □ **What** a kind boy he is! （彼はなんと親切な少年なんだろう）
5. □ **How** fast Tom runs! （トムはなんと速く走るのだろう）

注意 (1) 否定の命令文は，〈**Don't**[**Never**]＋動詞の原形〉（例文 3）。
Never give up! （あきらめるな）

(2) 感嘆文では〈主語＋動詞〉が省略されたり，oh などの間投詞を一緒に使うことがある。
Oh, nice! （まあ，なんとすてきな）

THE CHECK

- □ ① 文の種類を4つあげなさい。　　　　　　　　　　　① → p.18
- □ ② Yes / No で答えられない疑問文を2つ答えなさい。　② → p.20
- □ ③ 命令文は（　　　）で始める。　　　　　　　　　　③ → p.21
- □ ④ 感嘆文の形を2つあげなさい。　　　　　　　　　　④ → p.21

テスト直前 これだけは！ 練習問題にチャレンジ

Words & Idioms

A 次の文を否定文に書きかえなさい。

(1) Ms. Ogawa is a teacher at our school.

(2) She studied biology in college.

(3) Do you have breakfast at seven?

(4) Turn off the radio.

(2) *biology* [baiálədʒi]
生物学
college
大学
(4) *turn off* ~
（電源など）を切る

B 次の文に付加疑問をつけなさい。

(1) It's almost time for lunch, ＿＿＿＿＿＿
(2) This train stops at Kobe Station, ＿＿＿＿＿＿
(3) You didn't see him at the shop, ＿＿＿＿＿＿
(4) Open the window, ＿＿＿＿＿＿

(1) *álmost*
ほとんど

C 次の文を（　）内に指示された文になおしなさい。

(1) This is a very delicious dish. （感嘆文に）

(2) You must not cross the road here. （命令文に）

(3) He goes to his office by car. （否定の疑問文に）

(1) *delicious dish*
おいしい料理
(2) *cross*
～を横切る
(3) *óffice*
会社，勤め先

D 日本文の意味を表すように，（　）内の語句を並べかえなさい。

(1) 朝食に何を食べましたか。
(you / did / breakfast / for / what / have)?

(2) ヘンリーはなんてすてきなシャツを着ているのだろう。
(shirt / what / is / a / wearing / nice / Henry)!

(3) 一緒に来ますか，それとも家にいますか。
Will you (me / at home / come / or / with / stay)?

(3)「家にいる」
stay at home

Check your Answers, OK?

考え方

(1) be 動詞の文の否定文は〈be 動詞＋ not〉。短縮形 isn't もよく用いられる。
(2) 一般動詞の文の否定文。動詞は必ず原形を用いること。
(3) 否定の疑問文。Don't ～? で始めるが、書き言葉や古いいい方では Do you not ～? の形もある。「7時に朝食を食べないの?」の意味になる。
(4) 否定の命令文。〈Don't ＋動詞の原形～.〉

---

(1) 前の文が肯定形だから否定の疑問形にする。
(2) 一般動詞の文だから do[does] を用いる。This train は it で受ける。
(3) 前の文が否定形だから肯定の疑問形にする。
(4) 命令文には will you? / won't you? をつける。

---

(1) もとの文が〈形容詞＋名詞〉の形になっているから What ～!
(2) 〈must not ～ ⇄ Don't ～.〉の書きかえは公式として覚えておこう。
(3) Doesn't he ～? の形。「彼は車で会社に行かないのですか」の意味になる。

---

(1) 主語 you (あなたは) を補う。「食べる」は have。
(2) 〈What a＋形容詞＋名詞＋主語＋述語動詞 !〉の感嘆文。
(3) A or B (A か B か)の疑問文。

答

(1) Ms. Ogawa is not[isn't] a teacher at our school.
(2) She did not[didn't] study biology in college.
(3) Don't you have breakfast at seven?
(4) Don't turn off the radio.

---

(1) isn't it?
(2) doesn't it?
(3) did you?
(4) will you[won't you]?

---

(1) What a delicious dish this is!
(2) Don't cross the road here.
(3) Doesn't he go to his office by car?

---

(1) What did you have for breakfast?
(2) What a nice shirt Henry is wearing!
(3) (Will you) come with me or stay at home?

動詞
動詞は語順の決め手！

イメージを描こう

真穂：ここで，英語のクイズを始めまーす。
卓也：まかせろ。何でも聞いていいよ。
真穂：日本語と違って，英語で極めて大切なことって何だ？
卓也：そんなの簡単！語順だね。
真穂：正解です。
卓也：当然。第1章でやったところだからね。
真穂：じゃあ，第2問。その語順を左右する大事なものは何？
卓也：語順を左右するもの？？
真穂：そう。左右するもの。語順は，あるもので大きく決定されるのよ。
卓也：話し手の気持ちとか…。
真穂：違います。そんな情緒的なものではありません。
卓也：え〜，じゃあ，何…？
真穂：カーン。時間切れ〜。正解は動詞です。
卓也：へ〜。そうなんだ。動詞ってそんなに偉いんだ。
真穂：まあ，そうかな。使われる動詞によって，その後に来る語の種類が決まるのよ。だから，動詞を勉強することはとても大事なの。
卓也：なるほど。

動詞は文のかなめ

　動詞は文のかなめになる語です。野球ならキャッチャー，バレーボールならセッターの役割をする語です。すべての文は，動詞を中心に動いています。ですから，動詞の使い方をしっかりつかむことが，英文理解のポイントになります。

　この章では，「be動詞と一般動詞」「3単現」「自動詞と他動詞」を中心に，動詞について勉強しましょう。

1 be 動詞と一般動詞

動詞は大きく **be 動詞**と**一般動詞**に分けられる。ふつう be 動詞は**主語の状態**を表し，「be 動詞の左右にあるものがイコールである」ことを示す。一般動詞は**主語の動作・行動・状態**を表す。この 2 つは働きが違うだけでなく，疑問文の作り方も活用も違う。

1 be 動詞の変化

be 動詞は，主語の人称（I, you, he など）や，主語が単数か複数かによって形を変える。

人称		活用形	原形	現在形	過去形	過去分詞	現在分詞
単数	1人称（I）		be	am	was	been	being
	2人称（you）			are	were		
	3人称（he, she など）			is	was		
複数	1人称（we）			are	were		
	2人称（you）						
	3人称（they など）						

基本例文 〔be 動詞「～は学生です」〕

〔単　数〕　　　　　　　　　　　　　〔複　数〕
1□（1人称）I **am** a student. ── → We **are** students.
2□（2人称）You **are** a student. ── → You **are** students.
3□（3人称）He **is** a student. ── → They **are** students.

Q「人称」とは何ですか。

A 私たちが話をする場合，実際に話をしているのは自分と話し相手だけで，その他の人やものは話題にはなっているが，直接の話し相手ではありません。
　対話の直接の主役である**自分のことを「1人称」**，直接に話をしている**相手を「2人称」**，その他のものは全て「**3人称**」です。

〔1人称〕　話の主役である自分や自分たち ── 私（I），私たち（we）
〔2人称〕　自分の話し相手 ── あなた（you），あなたたち（you）
〔3人称〕　自分と自分の話し相手を除くすべてのもの；話の中に出てくるすべてのもの
　　　　── 彼（he），彼女（she），それ（it），彼ら（they），犬，木，石，その他…

単数と複数

日本語は，単数，複数をあまり厳密に言わない言葉であるが，英語では名詞・代名詞を単数，複数の形ではっきりと使い分ける。

「りんご」は1個のうちは an <u>apple</u> だが，2個以上になると〜 <u>apples</u> になる。

〔単 数〕 人が **1 人**だけいる。ものが **1 つ**だけある。
→ an apple, a boy, a dog, he, it, water など

〔複 数〕 人が **2 人**以上いる。ものが **2 つ**以上ある。
→ two apples, three boys, some dogs, they など

単数形と複数形は，日本語にはないけど，英語にはあるんだね。

② 一般動詞の変化

一般動詞は，be 動詞と比べるととても簡単な活用になっている。注意すべき点は have の3人称単数現在形に **has** を用いることである。have と play を例にとって，一般動詞の活用を見てみよう。

人称	活用形	原形	現在形	過去形	過去分詞	現在分詞
単数	1人称 (I)	have play	have play	had played	had played	having playing
	2人称 (you)					
	3人称 (he, she など)		has plays			
複数	1人称 (we)		have play			
	2人称 (you)					
	3人称 (they など)					

基本例文　　　　　　　　　　　　　　　　　一般動詞「〜はテニスをします」

〔単　数〕　　　　　　　　　　〔複　数〕

1□ (1人称) I **play** tennis.　　→ We **play** tennis.
2□ (2人称) You **play** tennis.　→ You **play** tennis.
3□ (3人称) He **plays** tennis.　→ They **play** tennis.

2　3・単・現は絶対のルール

主語が **3人称**，**単数**で，**現在形**のとき，一般動詞の語尾に **-s** または **-es** をつける。ただし，have は has になる。**-s** と **-es** のつけ方と発音は次の通り。

語　尾	s, es のつけ方	発　音	例
s, sh, ch, x で終わる動詞	+ es	[iz]	pass → pass**es** [pǽsiz] wash → wash**es** [wɔ́ːʃiz] teach → teach**es** [tíːtʃiz] mix → mix**es** [míksiz]
〈**子音字＋o**〉で終わる動詞	+ es	[z]	go → go**es** [góuz] do → do**es** [dʌ́z] 発音注意
〈**子音字＋y**〉で終わる動詞 注(1)	y を i にかえて + es	[z]	try → tr**ies** [tráiz] study → stud**ies** [stʌ́diz]
その他の動詞（数は一番多い）	+ s	無声音 + s → [s]	make → make**s** [méiks] put → put**s** [púts]
		有声音 + s → [z] 注(2)	love → love**s** [lʌ́vz] hear → hear**s** [híərz]

注意
(1) 〈**母音字＋y**〉ならそのまま **s** をつける。
（例）　stay → stay**s**
　　　say [séi] → say**s** [séz] 発音注意

(2) **無声音**とは声帯のふるえない音［声の出ない音］，**有声音**とは声帯のふるえる音［声の出る音］のことだ。例えば make の [k] は声のない息だけの無声音だが，love の [v] は声を伴った有声音である。

基本例文　　　　　　　　　　　　　　　　　　　　　　　　　　　　　3 単現の文
1□ My father **cooks** dinner on Saturdays.
　　（父は毎土曜日に夕食を作ります）
2□ **Does** your father **cook** dinner on Saturdays?　〔疑問文〕
　　（あなたのお父さんは毎土曜日に夕食を作りますか）
3□ My mother **does not [doesn't] cook** dinner on Saturdays.
　　（母は毎土曜日にはいつも夕食を作りません）　　　　　　〔否定文〕

例文2，3のように，3単現の文でも，**疑問文**（Does ～?）や**否定文**（does not ～）では動詞は **s, es のつかない原形**になっていることに注意しよう。　覚え得

3 他動詞と自動詞

日本語の文法では，他動詞と自動詞の違いを，

- 他動詞 「流す」→「水を流す」
- 自動詞 「流れる」→「水が流れる」

などの例をあげて簡単に説明するだけだが，英語では他動詞と自動詞の区別は非常に大切だ。

1 他動詞と目的語

いま，いきなり「けりなさい」といわれたら君はどうするか。きっと一瞬とまどって「何をけるんだ？」と思うだろう。そのとおり。「ける」という動作は，相手，つまり「けるもの」がなければいくらけりたくてもけることができない。これを英語で考えてみよう。

× 「ける」　　　= **kick**　　　→これでは「けるもの」がないのでけれない。
○ 「ボールをける」= **kick a ball**　→ボールという「けるもの」があるのでけれる。

kick という動作は a ball という相手があってはじめて成り立つ。つまり "kick a ball" とセットになってはじめて完成する。このように，**働きかける相手がなければ動作ができない動詞**を**他動詞**，そして**動作の相手[対象]になるもの**を**目的語**という。

kick a **ball** （ボールをける）　　**read** a **book** （本を読む）
他動詞　目的語　　　　　　　　　　他動詞　目的語

2 自動詞

一方，相手[対象]がなくてもそれだけで動作や状態を表す動詞が**自動詞**である。

Birds **fly**. （鳥は飛ぶ）
　　　自動詞

He **runs***fast. （彼は速く走る）　　*fast は動詞のあとにあるが，動詞が働きかけている相手[目的語]ではない。単なる**修飾語**である。
　　自動詞

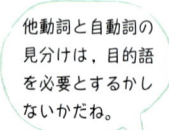

他動詞と自動詞の見分けは，目的語を必要とするかしないかだね。

このように，英語の動詞は必ず自動詞か他動詞かのどちらかの働きをする。そして，それによって後ろに来る語が変わってくるので，それぞれの動詞が自動詞か他動詞かを理解することはとても大切である。

POWER UP

1 do, have には助動詞としての用法もある。

do, have は一般動詞としてだけではなく，助動詞としても用いられる。一般動詞の文を疑問文，否定文にかえてしまう do は助動詞の do である。

You **do** your best.
　　動詞
（あなたはベストをつくす）

Do you *do* your best?
助動詞　　動詞
（あなたはベストをつくしますか）

You **don't** *do* your best.
　　助動詞　動詞
（あなたはベストをつくさない）

助動詞としての have は〈have＋過去分詞〉の形で，現在完了形（➡ p.54）で用いられる。

2 1人2役の動詞 ── 動詞の多くは他動詞・自動詞両方の働きがある。

他動詞と自動詞でむずかしいことは，それぞれの動詞が他動詞，自動詞とはっきりと分かれているのではなく，多くの動詞が，あるときは他動詞，あるときは自動詞として使われることである。

They **grow** coffee in Brazil. 〔他動詞〕
（ブラジルではコーヒーを栽培する）

A lily **grows** from a bulb. 〔自動詞〕
（ユリは球根から生える）

3 授与動詞 ──目的語を2つとる他動詞

例えば give（～を与える）という動詞は，「与えるもの」と「与える人」という**2つの目的語**が必要である。バレンタインデーにチョコレートを買っても，あげる人がいなければあげられないし，あげたいと思う人がいても，チョコレートがなければあげられないわけだ。

I'll **give** *you chocolate* on Saint Valentine's Day.

このように2つの目的語をとる動詞を**授与動詞**という。他動詞の仲間だ。くわしくは ➡ p.35 の SVO₁O₂ の文構造［文型］で学ぶ。

THE CHECK

- ① be 動詞は主語の（　　　）を表し，一般動詞は主語の（　　　）を表す。　　①→ p.25
- ② 1人称，2人称，3人称はそれぞれ何を指しますか。　　②→ p.25
- ③ 3単現を省略しない形で言うと何ですか。　　③→ p.27
- ④ mix（～を混ぜる）の3単現の形は？　　④→ p.27
- ⑤ 他動詞と自動詞の違いは何ですか。　　⑤→ p.28
- ⑥ 目的語とは何ですか。　　⑥→ p.28
- ⑦ 授与動詞とはどんな動詞ですか。　　⑦→ p.29

テスト直前 これだけは！ 練習問題にチャレンジ

A 次の文の( )内に write の適当な形を入れなさい。
(1) I ( ) a letter to my mother yesterday.
(2) He ( ) letters in his office every day.
(3) Can you ( ) a letter in English?
(4) He did not ( ) the report by himself.

Words & Idioms
(3) *in English* 英語で
(4) *repórt* 報告書
by oneself ひとりで

B 次の動詞の3人称単数現在形を書きなさい。
(1) bring ( )   (2) touch ( )
(3) stay ( )   (4) pass ( )
(5) do ( )   (6) wash ( )
(7) cry ( )   (8) make ( )

C 次の文の目的語に下線を引きなさい。
(1) We often visit Kyoto in spring and autumn.
(2) Mary shut her book and went out of the room.
(3) I can throw the ball 100 meters.
(4) We played the piano and sang songs.

(2) *shut* ～を閉じる
(3) *throw* ～を投げる
meter [míːtər] メートル

D 次の文の下線部の動詞が，自動詞か他動詞かを答えなさい。
(1) Every morning my mother wakes at six and wakes me up at seven.
   ①_____ ②_____
(2) A foreigner spoke to me in Japanese. He spoke very good Japanese.
   ①_____ ②_____
(3) We have a lot of clubs in our school. I belong to the tennis club.
   ①_____ ②_____

(2) *foreigner* [fɔ́ːrinər] 外国人
(3) *belong to*～ ～に所属する

E 日本文の意味を表すように，( )内の語句を並べかえなさい。
(1) そのスーパーは9時に開店する。
   (nine / the / opens / at / o'clock / supermarket).
(2) 私は昨日神戸へ行き，友達と会った。
   I (to / Kobe / and / my friend / met / went) yesterday.

Check your Answers, OK?

考え方

(1) yesterday があるから過去の文。
(2) 3単現の文である。
(3) 助動詞(Can)があるから動詞は原形。
(4) 否定文・疑問文では動詞は原形。

----

(2)(4)(6) 語尾が ch, s, sh だから -es をつける。
(3) 〈母音字＋y〉はそのまま＋s。
(5) do と go は -es がつく。
(7) 〈子音字＋y〉だから y を i にかえて＋es。

----

(1) visit は他動詞である。
(2) 動詞が2つ(shut と went)あるが，他動詞と自動詞を区別すること。went ＜ go は自動詞。
(3) 「何を」投げるのか。
(4) 動詞が2つ(played と sang)。「何を」ひき，「何を」うたうのか。

他動詞→〈動詞＋(代)名詞〉 ┐
自動詞→〈動詞＋前置詞＋(代)名詞〉┘ の形。

(1)(2) 同じ動詞が自動詞・他動詞両方に用いられている。
(1)-① 起きる　② ～を起こす
(2)-① 話しかける　② ～を話す
(3)-① ～を持つ　② 属している

----

(1) open(開く)は自動詞。
(2) went(go の過去形)は自動詞で，go to ～ は「～へ行く」の意味。met(meet の過去形)は他動詞。

答

(1) wrote
(2) writes
(3) write
(4) write

----

(1) brings　(2) touches
(3) stays　(4) passes
(5) does　(6) washes
(7) cries　(8) makes

----

(1) Kyoto
(2) (her) book
(3) (the) ball
(4) (the) piano と songs

----

(1)-① 自動詞　② 他動詞
(2)-① 自動詞　② 他動詞
(3)-① 他動詞　② 自動詞

----

(1) The supermarket opens at nine o'clock.
(2) (I) went to Kobe and met my friend (yesterday).

文構造(1)

単語の並べ方の交通整理だよ

イメージを描こう

卓也：S・V・O・Cって，何かの世界会議の頭文字みたいだね。

真穂：そうじゃなくて，言ってみれば，英文を理解するための交通信号なのね。

卓也：英文を理解するのに，どうして交通整理が必要なんだい？

真穂：そりゃあ，単語って無数にあるけれどまったく各自がてんでばらばらに並んでいるわけじゃないからよ。動詞が語順を左右するって習ったでしょ。

卓也：知ってるよ。動詞は偉いんだ。

真穂：うん，まあ，そうね。そして，動詞が決める順番を整理して分類すると，たった5つの型にまとめられるのよ。

卓也：たった5つ？本当かなあ？

真穂：本当よ。だから，この5つの型を知っていれば，英文を読んだり，書いたり，話したりするのにとても役立つのよ。

卓也：それじゃあ，その5つの型を教えてもらおうかな。

英語の動詞の位置は？

「ジムがピアノをひいた」を英語で表す場合，単語を日本語と同じように並べて，

　　Jim the piano played.

としても，英文として成り立ちません。
英語では，Jim played the piano.
　　　　　　主語　　動詞　　　目的語
　　　　　　（〜が）（〜を行う）（〜を）

のように，主語のあとに動詞を置きます。

2種類の動詞

動詞は大きく2つに分かれます。**他動詞**と**自動詞**です（→ p.28）。この2つの働きによって文の型が決まってきます。ただし，動詞の中には，あるときは自動詞，またあるときは他動詞と変身する動詞があるので注意しましょう。

1 文構造［文型］を学ぶ前にこれだけは

英語の単語をいくら知っていても，それをどう並べるかを知らなければ文にはならない。英語の文の組み立て方を整理すると5つに分類できる。

さて，この5つの文構造［文型］について勉強する前に，2つだけ知っておきたいことがある。知っていれば5つの文構造［文型］を理解するのもスムーズにいくというわけだ。

1 主語・目的語・補語（文の要素）と品詞の関係

主語→「～は」「～が」にあたる語
　　＝名詞・代名詞
目的語→「～を」「～に」にあたる語
　　＝名詞・代名詞
補語→主語・目的語について，それが「～だ」
　　「～である」と説明する語
　　＝名詞・代名詞・形容詞

品詞　要素	名詞・代名詞	形容詞	副詞
主　語	○	×	×
目的語	○	×	×
補　語	○	○	×

2 修飾語の形

主語・述語動詞・目的語・補語を**文の主要素**というが，この4つの要素だけで成立している文は少ない。文には付属するが，文型［文の骨組］とは関係がない**修飾語**というものがある。例えば次の（　）内の語句は**文型を考えるときには無視してよい**修飾語である。

Kanazawa is a quiet city (*with a lot of parks*).
　（金沢は公園の多い静かな都市だ）

I found your letter (*in the mailbox*).
　（郵便受けにあなたの手紙があった）

The car (*by the gate*) is Tomoko's.
　（門のそばにある車は知子のです）

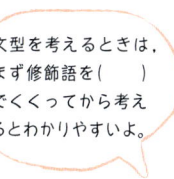
文型を考えるときは，まず修飾語を（　）でくくってから考えるとわかりやすいよ。

上の例からわかるように，文中にある〈前置詞＋名詞・代名詞〉はほとんどが修飾語で，形容詞または副詞の働きをしている。

S・V・O・Cって何？

S, V, O, C はそれぞれ次の英語の頭文字をとったものだ。

　　S ＝主　語　　← **Súbject**　　　V ＝(述語)動詞　← **Vérb**
　　O ＝目的語　　← **Óbject**　　　C ＝補　語　　← **Cómplement**

なお，修飾語はふつう M で表すが，これは Módifier の M をとったもの。

4 文構造(1)

2 5つの文構造[文型]を理解しよう

1 S+V

主語と**述語動詞**だけで動作が完結し，文意が完全になる文型。動詞の直後にピリオドがあっても文は成立する。この文型に用いられる動詞は目的語を必要としないから自動詞。

基本例文 （S+V）

1□ She **lives** in the country.　　　＊ in the country は修飾語
　　 S　　V
　　（彼女はいなかに住んでいる）

2□ The first train **starts** at 5:30 a.m.　　　＊ at 5:30 a.m. は修飾語
　　　　　　S　　　　V
　　（始発列車は午前5時30分に出る）

2 S+V+C

述語動詞の後ろに名詞や形容詞を置き，**主語について説明する**。この**名詞・形容詞を補語**という。この文型の動詞も自動詞である。

基本例文 （S+V+C）

1□ The river **is** very *beautiful*.　（その川は非常に美しい）
　　　S　　　V　　　　C

2□ Betty **looked** *pretty* in her new dress.　　＊ in her new dress は修飾語
　　 S　　　V　　　C
　　（ベティーは新しい服を着てかわいらしく見えた）

主語と補語の間には意味上「**S＝C**」という関係がある。「S＝C」は S is C と考えてもよい。

「S＝C」/「S is C」の関係
(例文1) The river **is** beautiful.
　　　　　　　　　　(＝)
(例文2) Betty **was** pretty.
　　　　　　　　(＝)

この文型ではその動詞自体の意味が中途半端で，次に何かを補わないと完全にならない。この**不完全なところを補う語を補語**というのである。次の文の………の部分が補語である。

(1) The leaves turned ………
　　　　　　　　　　　　↳ red など
　　（木の葉が………なった）
　　　　　　　↳ 赤く

(2) His son became ………
　　　　　　　　　　　↳ a pilot など
　　（彼の息子は………になった）
　　　　　　　　↳ パイロット

S+V+Cの文型で用いられる動詞
・**be** 動詞型（ある状態を表す）
　be動詞, keep, remain, stand など
・**become** 型（ある状態になることを表す）
　become, turn, get, grow, go など
・**seem** 型（外見上ある状態に見える）
　seem, look, appear など
・**smell** 型（感覚を表す）
　smell, taste, feel, sound など

③ S+V+O

主語と述語動詞のほかに，**動詞の表す動作の対象となる語**（目的語 ➡ p.28）を必要とする文型。この文型に用いられる動詞は他動詞で，後ろに必ず目的語が置かれる。

基本例文　　　　　　　　　　　　　　　　　　　　　　　　　（S+V+O）

1. □ I **like** his *songs*.
   　S　V　　　O
   （私は彼の歌が好きだ）
2. □ John **plays** *tennis* every day.
   　　S　　V　　　O
   （ジョンは毎日テニスをする）

S+V+Cでは「 S ＝ C 」の関係があったが，
S+V+Oでは「 **S ≠ O** 」である。

（例文1）I ≠ (his) songs
（例文2）John ≠ tennis

④ S+V+O₁+O₂

述語動詞は S+V+O と同じく他動詞であるが，「〜に」にあたる人を表す目的語と「〜を」にあたる物を表す目的語を2つ必要とする。目的語を2つ必要とする他動詞をとくに**授与動詞**という（➡ p.29）。

2つの目的語の順序＝「人を表す目的語」＋「物を表す目的語」

基本例文　　　　　　　　　　　　　　　　　　　　　　　（S+V+O₁+O₂）

1. □ I **gave** my *sister* a *doll*.　（私は妹に人形をやった）
   　S　V　　O₁　　O₂
2. □ My mother **bought** *me* a new *bike*.　（母は私に新しい自転車を買ってくれた）
   　　S　　　V　　　O₁　　　O₂

注意 〈S+V+O₁+O₂→S+V+O〉

〈S+V+O₁+O₂〉の文は，最初の目的語を後ろにまわして，〈S+V+O+to 〜[または for 〜]〉の形に書きかえられる。

(1) **to** 〜 になる場合

　My uncle gave me a present.
　→My uncle **gave** a present **to** me.
　（おじは私にプレゼントをくれた）

(2) **for** 〜 になる場合

　My father bought me this hat.
　→My father **bought** this hat **for** me.
　（父は私にこの帽子を買ってくれた）

〔**to** をとる動詞〕
give, hand, lend, pay, sell, send, show, teach, tell, write など

〔**for** をとる動詞〕
buy, choose, cook, find, get, make, order, sing など

5 S+V+O+C

述語動詞の後ろに目的語である名詞が置かれ，その後に補語である名詞や形容詞，分詞などがくる。

> **基本例文**　　　　　　　　　　　　　　　　　　　　　　　　　　　(S+V+O+C)
> 1□ They **named** their first *child Martha*.
> 　　　S　　V　　　　　O　　　C
> 　　（彼らは最初の子供にマーサという名前をつけた）
> 2□ The news **made** *him sad*.　（その知らせを聞いて彼は悲しくなった）
> 　　　S　　　V　　O　　C

この文型の補語は目的語について説明している。O と C の間には，「**O＝C**」[または **O is C**]の関係がある。

なお，この文型をとる動詞には，次のようなものがある。

「**O = C**」／「**O is C**」の関係
(例文 1) their first child **was** Martha
　　　　　　　　　　　　　　(＝)
(例文 2) he(← him) **was** sad
　　　　　　　　　　(＝)

「O を C の状態にする」の型：**make, keep, leave, get, turn, paint** など
「O を C と名づける[C に選ぶ]」の型：**call, name, choose, elect** など
「O を C とみなす[C と考える]」の型：**find, think, consider, believe** など

3 特殊な構文もある

上に述べた 5 つの文型の中には，例えば，There is [are] ～. や Let's ～. のような特殊な形をした英文もある。

> **基本例文**
> 1□ **There is** a *book* on the desk.　（机の上に本がある）
> 　　　　V　　S
> 2□ **There are** four *seasons* in a year.　（1 年には 4 つの季節がある）
> 　　　　V　　　　　S
> 3□ **Let's** *play* chess.　（チェスをしよう）
> 　　　　V

(1) **There is [are] ～.**　「～がある」の意味。文頭の There は形式的な語で，「そこに」という意味はない。is [are] のあとに来る語が本当の主語で，**語順は〈V＋S〉**である。なお，この文は〈S＋V〉の変形である。

　　Was there *anybody* in the room?
　　　（部屋の中にだれかいましたか）

(2) **Let's ～.**　「～しよう」の意味で，相手を誘う表現。**否定形は Let's not ～.**

　　Let's not *talk* about it.　　（それについて話すのはよそう）

Let's は Let us の短縮形なのよ。

POWER UP

1 同じ動詞が2つ以上の文型に用いられることが多い。

動詞には，決まった1つの文型にしか用いられないものもあるが，**2種類以上の文型に用いられるものも多い**。次の文をそれぞれ比べてみよう。

- The door **opened** suddenly.
  　　S　　V
  （戸が突然開いた）
- She **opened** the door.
  　S　　V　　　 O
  （彼女は戸を開けた）

→上の文は S＋V。下の文は S＋V＋O。

- I **found** the book easily.
  S　 V　　　O
  （私はその本をすぐに見つけた）
- I **found** the book easy.
  S　 V　　　O　　 C
  （その本はやさしいとわかった）

→上の文は S＋V＋O。下の文は S＋V＋O＋C。

上の例からわかるように，1つの動詞がいくつかの文型で用いられたり，いろいろな意味で使われることがある。

動詞を辞書で調べるときは，自動詞なのか他動詞なのか，補語が必要か必要でないかという点に注意して，文の構造を理解しよう。

2 ✕ There is *the* ～.　There ＋ 一般動詞 ＋ S ～.

- There is [are] ～. の文は，**不定のもの**（**a** ～）を表す文で，特定のもの（**the** ～, **my** ～, **this** ～ など）があることを表す場合には通常使われない。

① 机の上に本が1冊ある。〔不定のもの〕
  〇 There is **a book** on the desk.
② その本は机の上にある。〔特定のもの〕
  ✕ There is *the book* on the desk.
  〇 **The book** is on the desk.

- 〈There ＋一般動詞＋S ～.〉の文型で，be 動詞ではなく **live, come, appear, seem, stand** などの自動詞が用いられることがある。

  There **appeared** a rainbow in the sky.（空に虹が現れた）

Q They gave me it. は正しいですか。

A 答えは✕です。物を表す目的語が it や them などの代名詞のときは，S＋V＋O にします。だから，上の例の場合は They gave it to me.（彼らはそれを私にくれた）としなければなりません。

　✕ My parents chose me them.
　〇 My parents chose them for me.（両親はそれらを私に選んでくれた）

THE CHECK

☐ ① 5つの文構造をそれぞれ S, V, O, C の記号を使って答えなさい。　　① → p.34～p.36
☐ ② There are four seasons in a year. の主語は何ですか。　　② → p.36
☐ ③ Let's ～. は相手を（　　　　）ときに使う表現である。　　③ → p.36

テスト直前 これだけは！ 練習問題にチャレンジ

A 次の文の構造を，S＋V＋... の記号で答えなさい。

(1) My father taught me how to use a computer.
(2) This shop opens at 10:00 a.m.
(3) Her voice was very soft and pleasant.
(4) Who played the piano at the concert?
(5) What do you call this flower?
(6) They elected him chairperson of the party.

Words & Idioms
(1) *how to use a computer* コンピューターの使い方
(3) *voice* 声
    pleasant [plézənt] 気持ちのよい
(6) *chairperson* 議長

B 次の文で，文の要素(S, V, O, C)となる語を指摘しなさい。

(1) He has an Italian car.
(2) It is raining hard.
(3) She grew tulips in her garden.
(4) He gave me a nice present.
(5) Are you ready?
(6) He kicked the door open.

(1) *Itálian* イタリアの
(2) *hard* 激しく
(5) *ready* 用意のできた

C 各組の文が同じ意味を表すように，空所に適当な1語を入れなさい。

(1) { Please send her this bouquet.
     Please send this (　　　)(　　　) her.
(2) { Father bought me a cellphone.
     Father bought a cellphone (　　　)(　　　).
(3) { We have a beautiful castle in our city.
     (　　　)(　　　) a beautiful castle in our city.
(4) { They thought that he was very kind.
     They thought (　　　) very (　　　).

(1) *bouquet* [boukéi] 花束
(2) *céllphone* 携帯電話
(3) *castle* [kǽsl] 城

D 日本文の意味を表すように，(　)内の語句を並べかえなさい。

(1) 彼女は私に良い席を見つけてくれた。
    (found / she / a / me / seat / good).

(2) このミルクは少しすっぱい味がする。
    (this / sour / tastes / milk / a little).

(1) 「席」 seat
(2) 「すっぱい」 sour
    「〜の味がする」 taste

Check your Answers, OK?

考え方

(1) me ≠ how to use a computer
(2) at 以下は〈前置詞＋名詞〉の形の修飾語。
(3) be 動詞がある。her voice ＝ soft and pleasant の関係が成り立つ。
(4) 文頭の Who は主語。
(5) this flower と What の関係を考える。
(6) him ＝ chairperson だから〈O ＋ C〉。

----

(1) an Italian car 全体を O と考えてもよい。厳密にいえば an Italian は修飾語。
(2) hard は副詞で修飾語。
(3) in her garden は〈前置詞＋(代)名詞〉の形だから修飾語。
(5) 「用意はいいかい？」という慣用表現。
(6) 「彼はドアをけって開けた」の意味。

----

(1) 〈S＋V＋O₁＋O₂→S＋V＋O〉の書きかえ。**send** は **to** をとる動詞である。
(2) 〈S＋V＋O₁＋O₂→S＋V＋O〉。**buy** は **for** をとる動詞。
(3) 〈**We have** ～. ⇄ **There is[are]** ～.〉は書きかえのパターン。
(4) 〈S＋V＋O[that ～]→S＋V＋O＋C〉の書きかえ。「彼らは彼をたいへん親切だと思った」の意味。

----

(1) 〈V [find]＋O＋O〉の形にする。
(2) 〈S＋V＋C[＝形容詞]〉の文。

答

(1) S + V + O + O
(2) S + V
(3) S + V + C
(4) S + V + O
(5) S + V + O + C
(6) S + V + O + C

----

(1) He = S, has = V, car = O
(2) It = S, is raining = V
(3) She = S, grew = V, tulips = O
(4) He = S, gave = V, me = O, present = O
(5) Are = V, you = S, ready = C
(6) He = S, kicked = V, door = O, open = C

----

(1) bouquet, to
(2) for, me
(3) There, is
(4) him, kind

----

(1) She found me a good seat.
(2) This milk tastes a little sour.

5 現在形・過去形；進行形

現在形は，はたして現在を表すのか？

イメージを描こう

真穂：現在形って，現在のことよね。

卓也：そうだけど。何だよ，やぶからぼうに。今日の英語の時間のこと？

真穂：そう。伊藤先生は，現在のことは，現在形，過去のことは過去形，未来のことは未来の表現で表すと説明されたけど，私はどうしても納得できないのよ。

卓也：どうして？どこがおかしいの？

真穂：だって，あなたと私が話をしている今が現在でしょ。それなのに「私は毎朝6時に起きる」っていうのが「現在」というのはおかしいんじゃない？これは今の話ではないわ。

卓也：それはだね，「習慣」や「太陽は東から昇る」というような「真理」は現在形で言うことになってるんだよ。

真穂：そこが納得できないわ。それなら現在形のかわりに，「習慣形」や「真理形」をつくればいいじゃないの。

卓也：そんなことをしたら大変だ。大混乱になって話もろくにできなくなるよ。「現在進行形」や「現在完了形」もあるんだから。

真穂：そうかなあ。

現在・過去・未来は一応の区切り

真穂さんの抱く疑問はよくわかりますね。では，どうしてこのようなことになるのでしょうか。

絶え間なく流れ続ける「時」をわかりやすくするために，私たちは現在，過去，未来の区切りをつくり，それぞれに合わせて現在形，過去形，未来という形で言葉を使っています。

しかし，この言葉の形は非常に便利な反面，あくまでも言葉の決まりとしてつくられたものですから，本当の「時」の流れとくい違っている場合があるのです。まずはここで「現在のことを言うのが現在形だ」という考えを捨て，頭を白紙の状態にして，この章にとりかかってみましょう。

1 動詞は変化する

現在形，過去形という**時**（文法の言葉ではこれを「**時制**」という）の説明に入る前に，その「時」を表す動詞の変化について考えよう。p.25で学んだように，動詞には5つの変化形があるが，そのうちとくに「原形－過去形－過去分詞」の変化を**動詞の活用**と呼ぶ。（→ p.76）

	原　形	現　在　形	過去形	過去分詞	現在分詞
語る 〔規則動詞〕	talk	talk talks 3単現	talked	talked	talking
行く 〔不規則動詞〕	go	go goes 3単現	went	gone	going

(1) **規則動詞**の過去形・過去分詞は，原形の語尾に -ed または -d をつけてつくる（→下の表）。規則動詞の過去形と過去分詞は常に同じ形である。

(2) **不規則動詞**の過去形・過去分詞は，それぞれの動詞によって異なる。現在分詞のつくり方は，規則動詞も不規則動詞も同じで，〈原形＋-ing〉（→ p.44の表）。

規則動詞の -ed, -d のつけ方

語　　尾	ed, d のつけ方	例		
たいていの動詞	＋ ed	open finish	→ →	opened　　[d] finished　[t]
e で終わる動詞	＋ d	decide hope	→ →	decided　　[id] hoped　　　[t]
〈子音字＋y〉で終わる動詞*1	y を i にかえて ＋ ed	carry try	→ →	carried　　[d] tried　　　[d]
〈短母音＋1子音字〉 で終わる1音節の動詞*2	子音字を重ねて ＋ ed	plan drop	→ →	planned　　[d] dropped　　[t]

注意 (1) 〈母音字＋y〉ならそのまま＋ed。
　　　　（例）enjoy → enjoyed
(2) 〈短母音＋1子音字〉で2音節以上の動詞は最後の音節にアクセントがあれば子音字を重ねる。　（例）admít → admitted
　　最後の音節にアクセントがなければそのまま＋ed。（例）vísit → visited

(3) **語尾の ed の発音**は次の通り。
　(a) 語尾の音が［t］［d］　　　　→［id］
　　（例）wanted, handed
　(b) 語尾の音が［t］以外の無声音　→［t］
　　（例）laughed, stopped
　(c) 語尾の音が［d］以外の有声音　→［d］
　　（例）studied, lived

2 現在形の用法

動詞の現在形は，必ずしも現在の事実・状態を表しているのではないことに注意しよう。

基本例文
1. I **am** an English teacher. （私は英語の教師です）
2. She usually **gets** up at seven.
   （彼女はふつう7時に起きる）
3. Spring **comes** after winter.
   （冬のあとに春が来る）

(1) **現在の事実・状態**(例文 1) 現在を含めて，ある状態が継続していることを表す。
   My grandfather **lives** in the country. （祖父は田舎に住んでいる）

(2) **現在の習慣・反復的動作**(例文 2) 習慣やくり返し行われる動作を表す。
   Ms. Smith **comes** to teach English once a week.
   （スミス先生は週に一度英語を教えにくる）

(3) **一般的な真理**(例文 3) 昔も今も変わらない真理やことわざを表す。
   All work and no play **makes** Jack a dull boy.
   （よく学び，よく遊べ）〈ことわざ〉

注意 (1) 現在の動作を表す場合は，あとで述べる現在進行形を用いる。ただし，次のような文は例外。
   Here **comes** the bus.
   （ほら，バスが来るよ）
   There she **goes**.
   （ほら，彼女が行く）

(2) 新聞の見出しなどでは，過去のできごとでも現在形で表現される。
   Swiss team **sets** world record
   （スイスチーム世界記録を樹立）

Swiss team sets world record
LAHTI, Finland (AP) The Swiss team of Marcel Burge, Norbert Sturny and Daniel Burger set a world record Monday in the 300-meter standard rifle event, combining for 1,744 points at the World Shooting Championships. Burge shot 587 points, Sturny got 581 and Burger got 576. The Czech Republic beat the United States in a shoot-off for the silver medal.

3 過去形の用法

動詞の過去形は，過去のある時の動作・状態やできごと，反復的な動作を表す。

基本例文
1. World War Ⅱ **broke** out in 1939.
   （第2次世界大戦は1939年に勃発した）
2. When I was young, I often **listened** to rock music on the radio.
   （若い頃，私はよくラジオでロックを聴いた）

(1) **過去の動作・状態**(例文 1)

　I **lived** in New York City for a long time.
　　(私は長い間ニューヨーク市に住んでいた)

(2) **過去の習慣・反復的動作**(例文 2)

　Kate usually **got** up at six in those days.
　　(ケイトはその頃はふつう6時に起きていた)

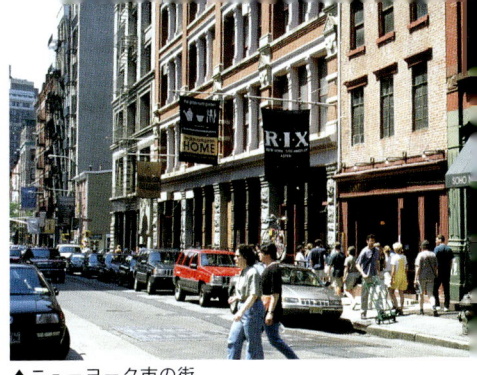

▲ニューヨーク市の街

4　進行形の用法

　動作が進行，継続中であることを表すには進行形を用いる。進行形は動作を表す動詞の場合に用いられ，**状態を表す動詞は進行形にしない**。

　進行形の形は〈**be 動詞＋現在分詞[動詞の -ing 形]**〉(-ing 形のつくり方は ➡ p.44)。

現在進行形	**am [are, is]＋-ing**	(今)〜している
過去進行形	**was [were]＋-ing**	(その時)〜していた
未来進行形	**will be＋-ing**	(未来のある時)〜しているだろう(➡ p.51)

基本例文

1□　He **is taking** a bath now.
　　(彼は今入浴中です)

2□　The cat **was sleeping** when I came home.
　　(私が帰宅したとき，そのネコは眠っていた)

3□　My father **is** *always* **reading** a newspaper.
　　(父はいつも新聞ばかり読んでいる)

1　進行形の表す意味

(1) **進行中の動作**　　現在進行形は現在において進行中の動作(例文 1)，過去進行形は過去のある時点において進行中だった動作を表す(例文 2)。

　What **are** you **doing** now? —— **I'm writing** a letter.
　　(今何をしているの？—— 手紙を書いています)

　My father **was traveling** through Europe when I was born.
　　(私が生まれたとき，父はヨーロッパを旅行していた)

　現在形と現在進行形の違いに注意しよう。

比較
　現在形：　　　Horses **run** fast.　(馬は速く走る)　　　　→ 一般的な事実
　現在進行形：His horse **is running** at the top.　　→ 進行中の動作
　　　　　　　(彼の馬が先頭で走っている)

(2) **反復的動作**　　進行形が always, constantly（常に），all the time（ずっと）などの語句を伴うと，くり返し行われる反復的動作を表す（例文 3）。

My father **is** *always* **forgetting** people's names.
（父はいつも人の名前を忘れてばかりいる）

> この用法は「～ばかりして困ったものだ」のニュアンスを含むんだよ。

2 進行形にしない動詞

進行形は一時的な状態・動作を表すので，次のような状態を表す動詞や，継続的な意味を含んでいる動詞は進行形にならない。

(1) **状態を表す動詞** ── **be** 動詞，**have**（持っている），**belong**（属している），**own**（所有している），**resemble**（似ている）など

(2) **知覚，心理などを表す動詞** ── **hear, see, smell, taste**（味がする）；**know, think, like, remember, understand, believe, want, love** など

比較
- ○ She **resembles** her mother.（彼女は母親に似ている）
- × She *is resembling* her mother.
- ○ I **know** him well.（彼をよく知っている）
- × I *am knowing* him well.

動詞の -ing 形のつくり方

語　　尾	ing のつけ方	例
たいていの動詞	＋ ing	speak → speak**ing** study → study**ing**
〈子音字＋ e 〉で終わる動詞*1	e をとって ＋ ing	hope → hop**ing** drive → driv**ing**
ie で終わる動詞	ie を y にかえて ＋ ing	die → d**ying** lie → l**ying**
〈短母音＋ 1 子音字〉で終わる 1 音節の動詞*2	子音字を重ねて ＋ ing	run → run**ning** get → get**ting**

注意 (1) be → be**ing** は例外。また，〈母音字＋ e 〉ならそのまま ＋ing。
　　　　（例）see → see**ing**
　　　　　　　agree → agree**ing**

(2) 〈短母音＋ 1 子音字〉で 2 音節以上の動詞は，最後の音節にアクセントがあれば**子音字を重ねる**。　（例）forgét → forget**ting**
最後の音節にアクセントがなければ**そのまま ＋ing**。　（例）háppen → happen**ing**

POWER UP

1 現在形は未来を表す!?

(1) **時・条件を表す副詞節**（副詞の働きをする節）では，**未来のことでも現在形で表す。**

> When you **come** next time, please bring me the book. →時を表す副詞節
> （次に来るときは，その本を持ってきてください）
>
> If it **stops** raining tomorrow, we will go on a hike. →条件を表す副詞節
> （もし明日雨がやんだら，私たちはハイキングに行きます）

(2) **未来の確定した予定** —— go, come, leave, start, arrive など**往来・発着を表す動詞**が，未来を表す語(句)を伴うとき，現在形を用いて確定した近い未来を表す。

> The concert **starts** at seven this evening.
> （そのコンサートは今夜7時に始まる）
>
> The party **arrives** tomorrow.
> （一行は明日到着します）

2 進行形も未来を表す!?

進行形は**近い未来の予定**を表すのにも用いられる。

> I **am leaving** for Sado tomorrow.
> （明日佐渡へ出発する予定です）
>
> I **was meeting** him there at six.
> （私は6時にそこで彼と会う予定だった）
> ……過去のある時点での未来の予定

3 進行形にしない動詞が進行形になることもある。

p.44で学んだ進行形にしない動詞でも，とくに一時的な状態を強調したいときは進行形にすることがある。

また，have は「持っている」以外の意味では進行形になる。

> My uncle **is living** in London now.
> （おじは今ロンドンに住んでいる）
> ……一時的な居住
>
> He **is having** breakfast now.
> （彼は今朝食をとっている）
> …… have ＝ eat（～を食べる）

THE CHECK

□ ① 動詞の活用とはふつう動詞のどの3つの形を言いますか。	① → p.41
□ ② admit（～を認める）の過去形・過去分詞形を答えなさい。	② → p.41
□ ③ 現在形のおもな用法を3つ答えなさい。	③ → p.42
□ ④ 過去形のおもな用法を2つ答えなさい。	④ → p.43
□ ⑤ 進行形の形は？	⑤ → p.43
□ ⑥ 現在形と現在進行形は使う動詞にどのような違いがありますか。	⑥ → p.43
□ ⑦ 進行形にしない動詞はどんな動詞ですか。	⑦ → p.44
□ ⑧ 現在形で未来のことを表す場合を2つ答えなさい。	⑧ → p.45

テスト直前 これだけは！ 練習問題にチャレンジ

Words & Idioms

A 次の動詞の，①過去形，②過去分詞，③現在分詞を書きなさい。

(1) study　①＿＿＿　②＿＿＿　③＿＿＿
(2) begin　①＿＿＿　②＿＿＿　③＿＿＿
(3) drive　①＿＿＿　②＿＿＿　③＿＿＿
(4) plan　①＿＿＿　②＿＿＿　③＿＿＿
(5) run　①＿＿＿　②＿＿＿　③＿＿＿
(6) lie（横たわる）①＿＿＿　②＿＿＿　③＿＿＿

B （　）内の語を適当な形にかえ，全文を日本語になおしなさい。

(1) The sun (rise) now above the horizon.

(2) I saw an accident while I (wait) for the bus.

(3) If he (come) tomorrow, I will tell him the story.

(4) I (want) to be a scientist when I was a boy.

(1) *horizon* [həráizn]　地平線
(2) *while*　〜する間に
(4) *scientist*　科学者

C 次の文の誤った部分に下線を引き，正しい形になおしなさい。

(1) You can leave as soon as he will come.
(2) Our school is standing on the hill.
(3) I don't know if he comes tomorrow.
(4) We have lunch now, so we can't start right away.
(5) It still rained when I got up at eight o'clock.
(6) I am believing that he is honest.

(1) *as soon as* 〜　〜するとすぐに
(4) *right away*　すぐに
(6) *honest* [ánist]　正直な

D 日本文の意味を表すように，（　）内の語句を並べかえなさい。

(1) 彼はたいてい夕方ジョギングをする。
　He (in / jogs / evening / usually / the).

(2) 私が風呂に入っているときに，電話が鳴った。
　When (the telephone / a bath, / was / rang / I / taking).

(1) 「たいてい」usually
　「ジョギングをする」jog
(2) 「風呂に入る」take a bath

PART1　基本編

Check your Answers, OK?

考え方

(1) 〈子音字 ＋ y〉で終わる語は，y を i にかえて ＋ ed。 -ing 形はそのまま。
(2) begin は〈短母音＋1 子音字〉で，最後の音節にアクセントがあるから子音字を重ねる。
(3) **drive** は不規則動詞。過去分詞に注意。
(4) plan, (5) run は〈短母音＋1 子音字〉。
(6) **lie** は不規則動詞。-ie で終わる点に注意。

答

(1)-① studied ② studied ③ studying
(2)-① began ② begun ③ beginning
(3)-① drove ② driven ③ driving
(4)-① planned ② planned ③ planning
(5)-① ran ② run ③ running
(6)-① lay ② lain ③ lying

---

(1) now に着目。現在進行中の動作を表す文。
(2) 過去の動詞 saw に着目。過去のある時に進行中の動作を表す。
(3) If ～ は「条件」を表す副詞節。**この副詞節の中では，未来のことでも現在形で表す。**
(4) when I was a boy に着目。過去形の文。

(1) is rising：今太陽が地平線の上に昇っている。
(2) was waiting：バスを待っている間に私は事故を見た。
(3) comes：もし彼が明日来たら，私は彼にその話をするつもりです。
(4) wanted：少年のとき，私は科学者になりたかった。

---

(1) **as soon as** ～ は時を表す副詞節。
(2) stand は状態を表す動詞。
(3) この if ～ は副詞節ではなく**名詞節だから未来形**にする。「彼が明日来るかどうかわからない」。
(4) have は「食べる」の意味だから，ここは進行形。
(5) 過去のある時に進行中の動作。
(6) believe は心理状態を表す動詞。

(1) will come → comes
(2) is standing → stands
(3) comes → will come
(4) have → are having
(5) still rained → was still raining
(6) am believing → believe

---

(1) 現在の習慣を表す文。**usually** など頻度を表す副詞は一般動詞の前におく。
(2) 「風呂に入っている」は過去のある時に進行中の動作。

(1) (He) usually jogs in the evening.
(2) (When) I was taking a bath, the telephone rang.

---

5 現在形・過去形; 進行形

6 未来を表す表現

博もやって来るよ —— 未来の表現

イメージを描こう

健一にクラスメートの卓也から誕生パーティーへの誘いのメールが届きました。パーティーにはだれが来るんだろう？
健一は卓也に電話をして聞いてみることにしました。

健一：もしもし，卓也？　誕生パーティーのメールありがとう。

卓也：ああ健一，都合はどうだい？　ぜひ来てほしいんだ。

健一：うん，行こうと思うんだけど，ほかにだれが来るの？

卓也：信弘に，真穂に……君の親友の博もやって来るよ。

健一：博も来るのか。楽しいパーティーになるといいね。もちろんぼくも行くよ。それじゃ，さようなら。

卓也：うん，さようなら。

日本語では現在形だが…

上の会話で下線をひいた語を見てみましょう。現在形で表されているこれらの言葉は，英語ではどうなるのでしょうか。

日本語はもともと「時制」にあまり神経質ではない言語です。過去のことを表す場合には，「～だった」「～した」と過去時制をはっきりさせる場合が多いのですが，現在と未来についての表現はあいまいなところがあります。上の会話でも「来る」「行く」という動詞だけを見ますと，この時制が現在なのか，未来なのかはっきりしません。日本語では未来の話だからといって，わざわざ「来るだろう」「行くだろう」とは言わないのですね。

英語は，日本語と違って「現在・過去・未来」の時制を明確に表現する言語です。

さて，未来の表現を見てみましょう。

1 未来は〈will＋動詞の原形〉で表す

未来を表すにはいくつかの形があるが，基本的には〈**will ＋動詞の原形**〉の形で未来のことを表現する。

英語では，未来の状態・事柄を**単純未来**と**意志未来**の2つに分ける。

1 単純未来

意志とは関係なく，「(自然の成り行きで)～になる」という意味や，「～するだろう」という予測を表す未来。

	平 叙 文	疑 問 文
1人称	I / We **will** ～.	**Will** I / we ～?
2人称	You **will** ～.	**Will** you ～?
3人称	He / They **will** ～.	**Will** he / they ～?

基本例文 〈単純未来の文〉

1□ I **will be** sixteen next month. （私は来月で16歳になります）
2□ **Will** it **be** sunny tomorrow? （明日は晴れるでしょうか）

注意 (1) 単純未来は〈**will＋動詞の原形**〉と覚えておけばよいが，イギリスでは主語が1人称(I, we)のとき〈**shall＋動詞の原形**〉の形も使われることがある。

(2) 口語では英米を通じて **I'll**［＝I will］,**you'll**, **he'll**, **they'll** や **won't**［＝will not,［wóunt］と発音する］などの短縮形がよく用いられる。

2 意志未来

「～するつもりだ」という**主語の意志**を含む**未来**。

基本例文 〈意志未来の文〉

1□ The phone is ringing. I **will** answer it. 〈主語の意志〉
 （電話が鳴っている。私が出ましょう）
2□ **Shall I** help you cook dinner? 〈話者の意志〉
 （夕食を作るのを手伝いましょうか）
3□ **Will you** lend me this book? 〈相手の意志をたずねる〉
 （この本を貸してくれませんか）

(1) **主語の意志** ……「～するつもりだ」の意味を表す(例文 1)。
   I **will not** [**won't**] stay here long.
   （ここに長くいるつもりはありません）

(2) **相手の意志をたずねる** ………… 疑問文で話者が話し相手の意志をたずねる(例文 2)。
   - 1人称の場合 = **Shall I** [**we**] ～? の形。　「～しましょうか」
   - 2人称の場合 = **Will you** ～? の形。　「～するつもりですか」

   なお，**Will you** ～? ／ **Won't you** ～? は相手の意志をたずねるほかに，例文 3 のように相手に何かを頼んだり(**依頼**)，相手を誘ったり(**勧誘**)するときにも用いられる。

   Will you have something to drink?　　　　　　　　　〔勧誘〕
   （何か飲み物をいかがですか）

   Won't you come with me?　　　　　　　　　　　　〔勧誘〕
   （私といっしょに行きませんか）

2　be going to ＋動詞の原形

be going to は will とともに未来を表す形としてよく用いられる。

> **基本例文**
> 1□ We **are going to** have a party this weekend.　〈主語の意図・計画〉
>   （今週末，パーティーを開くつもりだ）
> 2□ She **is going to** have a baby.　〈近い未来〉
>   （彼女には赤ちゃんが生まれます）

(1) **主語の意図・計画**(例文 1)
   あらかじめ考えたり，計画していたことについて，「～するつもりだ」という場合に使う。
   We **are going to** meet him at the airport.
   （私たちは空港に彼を迎えに行くことになっている）

(2) **近い未来**(例文 2)。
   何らかの前兆があって，近い未来にあることが「起こりそうだ」「～しそうだ」という判断を述べる。
   The wind is blowing. It **is going to** rain tonight.
   （風が吹いている。今夜雨が降りそうだ）

比較　will と be going to

will と be going to は相互に置きかえることができる場合が多いが，用法が全く同じというわけではない。be going to はあらかじめ意図・計画していたことを表し，will はその場で生じた意志を表す。

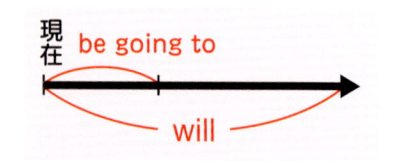

I **am going to** call her up tonight.
（今夜彼女に電話するつもりだ）

The doorbell is ringing. **I'll** go and see who it is.
（玄関のベルが鳴っている。行ってだれか見てくるよ）

POWER UP

1 〈be about to ＋動詞の原形〉も未来を表す。

この形は**ある動作がまさに行われようとしている**ことを表す。tomorrow など未来を表す語句とはいっしょに用いないのが普通。

The last train **is about to** leave. Hurry up !
（最終列車が出るぞ。急げ）

be on the point of -ing も「まさに〜しようとしている」の意味で，〈be about to ＋動詞の原形〉と同じ意味を表す。

The plane **is on the point of taking** off.
（飛行機はまさに離陸しようとしている）

2 未来進行形 ── 〈will be ＋ -ing〉

未来進行形は次の意味を表す。

(1) **未来のある時に進行中・継続中の動作**「〜しているだろう」

We **will be flying** over the Pacific about this time tomorrow.
（明日の今ごろは太平洋上を飛んでいるだろう）

(2) **未来の予定**「〜することになるだろう」

I'll **be seeing** her one of these days.
（近いうちに彼女と会うことになるだろう）

Q 未来の事柄を現在形で表現できますか。

A できます。**現在形や現在進行形**が「近い未来の予定」を表すことがあります。（→p.45）

He **is taking** the 17:10 flight.
（彼は17時10分の飛行機に乗る予定だ）

THE CHECK

- ① 未来を表す形には（　　　）未来と，（　　　）未来の２つの用法がある。　①→ **p.49**
- ② Shall I[we] 〜? は（　　　）をたずねる表現。　②→ **p.50**
- ③ be going to は主語の（　　　）と（　　　）を表す。　③→ **p.50**
- ④ be about to 〜 は動作が（　　　）としていることを表す。　④→ **p.51**

テスト直前 これだけは！ 練習問題にチャレンジ

Words & Idioms
(2) *voluntéer group* ボランティア・グループ
(5) *in time* 間に合って

A 次の文の空所に will, shall のうち適当な方を入れなさい。
(1) (　　　) we go to the park? —— Yes, let's.
(2) (　　　) you join our volunteer group?
(3) (　　　) you be free tomorrow?
(4) It's too dark. (　　　) I turn on the light?
(5) I hope he (　　　) come in time.

B 日本文の意味を表すように，空所に適当な1語を入れなさい。

(4) *pay for ~* ～の代金を払う

(1) 祖父は来年70歳になります。
　　My father (　　　)(　　　) 70 years old next year.
(2) 明日あなたに写真を見せましょう。
　　I (　　　)(　　　) you the picture tomorrow.
(3) 宿題を手伝いましょうか。
　　(　　　)(　　　) help you with the homework?
(4) あなたはいつその代金を払うつもりですか。
　　When (　　　) you (　　　) to pay for it?

C 次の英文を日本語になおしなさい。

(1) *How soon ~?* あとどれくらい（の時間）で
(2) *in the future* 将来は
(4) *dive into ~* ～に飛び込む

(1) How soon will the concert start?

(2) I will be a pianist in the future.

(3) They are going to have a show next week.

(4) The boy was about to dive into the river.

D (　　　)内の語句を用いて，次の文を英語になおしなさい。

(1) 「～の留守中に」 *during ~'s absence*

(1) 私の留守中に犬の世話をしてくれませんか。(look after)

(2) その本はいつ出版されますか。(publish)

(3) 彼は明日は終日ゴルフをしているだろう。(all day)

Check your Answers, OK?

考え方

(1) Yes, let's. が返答になる形を考える。**Shall we 〜 ?** と **Let's 〜.** はほぼ同じ意味。
(2) 依頼を表す文である。
(3) 「明日は暇ですか」と単純未来を表すようにする。
(4) 相手の意向をたずねている。
(5) (単純)未来を表す。

---

(1) 時がたてば自然にそうなるという単純未来を表す will。
(2) 主語の意志を表す will。
(3) 「私が〜をしましょうか」 Shall I 〜?
(4) 「〜するつもりですか」と相手の意図をたずねる be going toを用いる。

---

(1) 時間をたずねている文。単純未来の文。
(2) 話者の意志を表す表現。
(3) **be going to** が**近い未来の予定**を表す場合である。
(4) **be about to** は，ある動作が**まさに行われよう**としていることを表す。

---

(1) 相手への依頼を表す文にする。
(2) 単純未来の文。publish の受け身形である be published を使う。
(3) 未来のある時に進行中の動作を表す**未来進行形**の文である。

答

(1) Shall
(2) Will
(3) Will
(4) Shall
(5) will

---

(1) will, be
(2) will, show
(3) Shall, I
(4) are, going

---

(1) あとどれくらいでコンサートが始まるのですか。
(2) 私は将来ピアニストになるつもりだ。
(3) 彼らは来週ショーを開く予定です。
(4) その少年はまさに川に飛び込もうとしていた。

---

(1) Will you look after my dog during [in] my absence?
(2) When will the book be published?
(3) He will be playing golf all day tomorrow.

6　未来を表す表現

7 完了形⑴ 現在完了形

行っちゃった――現在完了形のキーワード

赤い靴　はいてた　女の子

異人さんに　つれられて　行っちゃった

横浜の埠頭（はとば）から　船に乗って

異人さんに　つれられて　行っちゃった

（岩波文庫　「日本童謡集」より）

イメージを描こう

　これは野口雨情（うじょう）作詞の童謡「赤い靴」の一節です。この詩の中の「行っちゃった」という言葉で、どんなイメージが浮かんでくるでしょうか。「異人さんにつれられて行った」というのと、どのような違いがあるでしょうか。「行っちゃった」には何か余韻（よいん）が今でも残っていますね。それをもう少しわかりやすく言いかえてみると、

　「あの女の子は異人さんにつれられて遠い外国へ行ってしまった。もうここにはいない。会いたくても会えない。今あの子はどうしているのだろう」

というような意味合いになるでしょうか。

時は流れ続ける

　第5章で、現在とか過去について勉強しましたね。英語では、「過去の状態」と「過去に起こったできごと」を過去形で表し、「現在の状態やできごと」を現在形や現在進行形で表すことになっていました。しかし考えてみると、「時」は絶え間なく流れています。私たちの周囲の状況やできごともプツンプツンと途切れているわけではありません。

　以前に起こったことが、そこで終わってしまわないで、今でも続いていたり、現在でも関係があるというようなことがたくさんあります。そんなときに使う形が、これから勉強する現在完了形です。

1 力点は現在だ――現在完了形

現在完了形に「**現在**」という言葉がついていることに着目すれば，比較的楽に考えることができる。では，現在完了形が使われる具体的な場面として，次の3つの例を見てみよう。

1 昨日からやっていた宿題がやっと終わった。さあ，遊びに行こう。

2 生まれてから今日までに京都へ2度行ったことがある。でも，まだ見残したところがいっぱいだ。今度の夏休みも行くぞ。

3 真紀ちゃんとは小学校以来の友だちで大の仲良しだ。

上のような例は，過去に起こったできごとだとも言えないし，かといって現在だけのできごとだとも言えない。それでは，このような事柄は過去形で書けばよいのだろうか。それとも現在形で書けばよいのだろうか。チョット困るところだね。

ところで，英語にはこのような過去から現在につながっている状態やできごとを表現するいい方がちゃんとある。それが**現在完了形**だ。形は，

$$\text{現在完了形} = \text{have [has]} + \text{過去分詞}$$
　　　　　　　　　↳ 主語が3人称単数のとき

Q 現在完了形と過去形はどう違うのですか。

A 過去形　　　Taro **went** to Tokyo last year.
　　　　　　　（太郎は去年東京へ行った）　→　現在は？

　　現在完了形　Taro **has gone** to Tokyo.
　　　　　　　（太郎は東京へ行ってしまった）　→　行ったままで，現在はここにいない。

上の2文の意味を比べてみよう。→のあとの部分が大切。過去形は「前に何かをした」というだけでそのあとどうなったかについては何も言っていません。しかし現在完了形には，「**以前に何かをしたことの続きが今も残っている**」，つまり「**時の経過がその意味に含まれている**」のです。

2 現在完了形には3つの顔がある

現在完了形が過去と現在をつなぐ橋であることは，もう理解できたことだろう。しかし，過去から現在につながる状態やできごとといってもいろいろな事柄がある。そこでわかりやすくするために，いろいろな事柄を整理して3つに分類している。これを「**現在完了の3用法**」といい，「**完了[結果]**」「**経験**」「**継続**」がある。

1 完了[結果] 「～したところだ」「もう～してしまった（今は…だ）」

以前から続いていた動作が，ちょうど今完了したとか，まだ完了していないという意味を表す。また，その結果が今も残っているという含みがある。p.55の1の下線部がこの例。

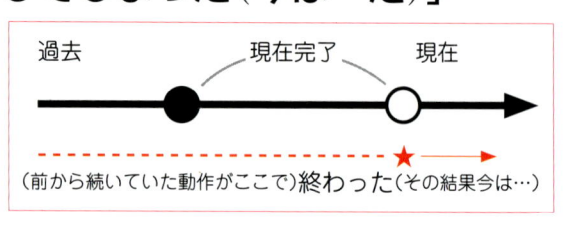

（前から続いていた動作がここで）終わった（その結果今は…）

I **have** just **finished** my homework.

基本例文　〈完了・結果〉

1 □ I **have** *already* **written** a letter to my parents at home.
　（私は故郷の両親への手紙をもう書き終えてしまった）

2 □ Yoko **has** *not* **come** home *yet*. 　〈否定文〉
　（陽子はまだ帰宅していない）

3 □ **Have** you **cleaned** your room *yet*? — No, I **have** not[haven't].
　（もう自分の部屋を掃除しましたか。— いいえ，まだです）　〈疑問文〉

4 □ My brother **has gone** out for a walk.
　（兄は散歩に出かけている[今ここにいない]）

注意 (1) 完了の意味を強めるため **just**（ちょうど今，たった今）や **already, yet** などの副詞をそえることが多い。

- **already** は肯定文に用いられ，「もう，すでに」の意味。
- **yet** は疑問文で「もうすでに」，否定文で「まだ」の意味。　〈覚え得〉

(2) **have been to** ～は「～へ行ってきたところだ」の意味になる。

My father **has** just **been to** Nagoya.
（父は名古屋へ行ってきたところだ）

(3) 否定文は have のあとに not を置き，〈have[has] not ＋過去分詞〉の形になる。疑問文は have[has] を主語の前に出し，〈Have[Has] ＋主語＋過去分詞～ ?〉の形になる。答えるときも have[has] を用いる。

② 経験　「(今までに)〜したことがある」

過去から現在までの間に，ある事柄を何度か経験したことがある，という意味を表す。p.55の 2 の下線部が，この用法である。

I have been to Kyoto *twice*.
[twais]「２度」

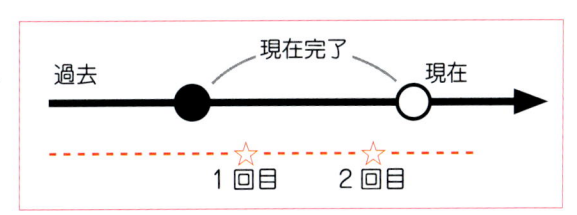

（過去────●────○───→ 現在　現在完了
　　　　　　　☆　　　☆
　　　　　　１回目　２回目）

基本例文　　　　　　　　　　　　　　　　　　　　　　　経験

1□ I **have** often **visited** his house.　（私は彼の家をよく訪れたことがある）
2□ **Have** you ever **been to** Hawaii? —— No, never.
　　（ハワイへ行ったことがありますか。——いいえ，一度もありません）
3□ I **have** never **heard** such *a big talk in my life.
　　（生まれてこの方そんなほら話は聞いたことがない）*a big talk ほら話

注意　(1) 経験を表す現在完了は，次のような「頻度・回数」を表す副詞を伴うことが多い。
ever（かつて），**never**（一度もない）， → 疑問文で　→ 否定文で
before（以前に），**once**（かつて，１度），
twice（２度），**〜 times**（〜回），
often（よく），**seldom**（めったに〜ない）

同じ現在完了がいろいろな用法に用いられるので，これらの<u>副詞(句)</u>に<u>着目</u>して判断する必要がある。

(2) **have been to** 〜は「〜へ行ったことがある」の意味。「〜へ行ってきたところだ」（完了）の意味を表すこともあるので，混同しないように注意すること。

③ 継続　「(今まで)ずっと〜している」

ある状態が過去から現在まで続いているという意味。例えば，妹が月曜日に病気になり，今もまだ病気であるという場合に使う。

My sister has been ill since last Monday.
（妹はこの前の月曜から病気です）

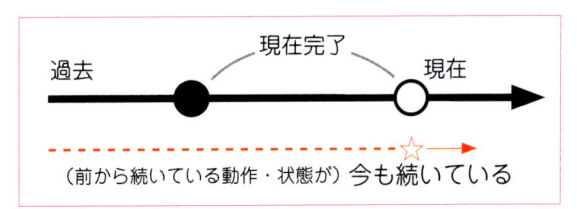

（過去────●────○───→ 現在　現在完了
（前から続いている動作・状態が）今も続いている）

基本例文　　　　　　　　　　　　　　　　　　　　　　　継続(1)

1□ I **have known** him for five years.
　　（私は５年前から彼を知っている）
2□ Jack **has** never **been** absent this week.　（ジャックは今週は欠席しなかった）

7　完了形(1) 現在完了形

注意 (1) 継続の意味を表す場合，次のような副詞(句)がよく用いられる。

always(いつも)，**for** ～(～の間)，**since** ～(～以来)，**How long** ～(どのくらい～)

How long have you **known** Tom?
（あなたはトムをどのくらい知っているのですか）

(2) 現在完了形で「継続」を表すのは，動詞が be 動詞, know, love, live など**状態を表し，それ自身に継続の意味を含む場合**である。「野球をしている」などと動作の継続を表す形は，次に述べる現在完了進行形を使う。

現在完了進行形──「動作」の継続を表す形

現在完了進行形は，名前からもわかるように，現在完了形に進行形がプラスされた形で，ある動作が過去からずっと継続して行われていることを表す。例えば，昨晩から降り始めた雨が現在もまだ降り続いていることを表す場合，この現在完了進行形を使うことになる。

過去	It **rained** heavily last night. （昨晩は雨がひどく降った）
現在	It **is raining** heavily now. （今雨がひどく降っている）
現在完了進行形	It **has been raining** heavily since last night. （昨晩から雨が〔ずっと〕ひどく降り続いている）

現在完了進行形＝ have[has] been ＋ -ing

基本例文　　　　　　　　　　　　　　　　　　　継続(2)　現在完了進行形

1□ They **have been playing** tennis since one o'clock.
（彼らは１時からずっとテニスをしている）

2□ How long **have** you **been waiting** for him?
（あなたはどれくらい彼を待っているのですか）
　── For one[an] hour.　（１時間です）

これで，「継続」を表す現在完了形と現在完了進行形の違いがわかったでしょう。

POWER UP

1 現在完了形では使えないぞ！── ✗過去を表す副詞（句）

現在完了とは「過去とつながりのある現在」ということ。つまり，「時」は**現在に重点**がある。したがって，現在完了は，はっきりと過去を表す次のような副詞(句)といっしょには使えない。

yesterday（きのう），**last week**（先週），**two years ago**（2年前），**just now**（さっき）

*just now と違って，just（ちょうど今，たった今）は現在完了の文に用いる。

*last〜 は過去を表すが，since をつけて since last 〜（この前の〜以来）となれば，現在完了の文に用いられる。

He has been busy **since last week**.
（彼は先週からずっと忙しい）

✗ He has been busy *last week*.

2 When 〜? の疑問文では現在完了形を使えない。

When 〜? は「いつ」とはっきり「過去のある時」を聞くので，現在完了の文では使えない。What time 〜? も同じ。

✗ *When* has he come home?

○ **When** did he come home?
（彼はいつ帰宅したのですか）

3 要注意の have been to [in]〜 と have gone to 〜

(1) He has been in New York for the last two years. 〈継続〉
（彼はこの2年間ニューヨークにいる）

(2) He has been to New York three times. 〈経験〉
（彼は3回ニューヨークに行ったことがある）

(3) He has been to the station to see her off. 〈完了〉
（彼は，彼女を見送りに駅へ行ってきたところだ）

(4) He has gone to New York. 〈結果〉
（彼はニューヨークへ行ってしまった。〔今ここにはいない〕）

4 完了形と同じ意味を表す〈be 動詞＋過去分詞〉

〈**be 動詞 + gone**〉は「去った，行ってしまった」の意味。このように〈be 動詞＋過去分詞〉の形の完了形もある。この場合，過去分詞になるのは自動詞である。よく使われるのは，〈be 動詞＋gone〉など決まった表現に限られる。

Winter **is gone**.
（冬が去った）

THE CHECK

☐ ① 現在完了形の形は〈have[has] + (　　　)〉である。　　① → p.55
☐ ② 現在完了形はどんなときに用いますか。　　② → p.55
☐ ③ 現在完了形の3つの用法を答えなさい。　　③ → p.56
☐ ④ 現在完了形の文中で用いられる already, yet の意味は？　　④ → p.56
☐ ⑤ 現在完了進行形の形は〈have[has] + (　　　)〉である。　　⑤ → p.58
☐ ⑥ have been to 〜, have gone to 〜 の意味は？　　⑥ → p.57,59

テスト直前 これだけは！ 練習問題にチャレンジ

Words & Idioms

A 次の文に（　）内の語句を加えて，現在完了形の文にしなさい。

(1) My sister leaves home.　　　(just)

(2) Mike is sick in bed.　　　(since last week)

(3) I read this novel.　　　(never)

(4) Do you know each other?　　　(How long)

(2) *be sick in bed*
　病気で寝ている
(3) *novel*
　小説
(4) *each other*
　お互い(に)

B 次の英文を日本語になおしなさい。

(1) My uncle has been dead for three years.

(2) Have you returned the book to him yet?

(3) Mary has seen that film before.

(4) I've just been to the airport to see him off.

(1) *dead*
　死んで
(3) *film*
　映画
(4) *see ~ off*
　～を見送る

C 日本文の意味を表すように，空所に適当な1語を入れなさい。

(1) ボブは日本に来たばかりです。
　Bob (　　　)(　　　)(　　　) to Japan.
(2) 彼はスペインへ2回行ったことがある。
　He (　　　)(　　　) to Spain twice.
(3) 私は1日中この本を読み続けている。
　I (　　　)(　　　)(　　　) this book all day.

(2) *Spain*
　スペイン

D (　)内の語句を使って，次の文を英語になおしなさい。

(1) 今までに蜃気楼を見たことがありますか。(ever)

(2) 太陽はもう沈んでしまった。(already)

(3) 彼女はまだそのEメールを読んでいない。(not)

(1) 「蜃気楼」
　mirage [mirάːʒ]
(2) 沈む
　set
(3) 「Eメール」
　e-mail

Check your Answers, OK?

考え方

(1) **just** は **has** と過去分詞の間に置く。
(2) is の過去分詞は **been**。「マイクは先週から病気で寝ている」となる。
(3) **never** は **have** と過去分詞の間に置く。
read は過去形，過去分詞も同じ形。ただし，発音は[red]になる。
(4) **How long ～?** は，期間をたずねる形。**know** は「状態」を表す動詞だから，現在完了形の have known で継続を表す。進行形にはしない。

答

(1) My sister has just left home.
(2) Mike has been sick in bed since last week.
(3) I have never read this novel.
(4) How long have you known each other?

---

(1) 「3年間死んだ状態でいる」と「継続」で表す。
(2) **yet** の訳し方に注意。疑問文では「もう」の意味を表す。**否定文**ならば「まだ」の意味になる。
(3) **before**(以前に)に着目。「経験」を表す現在完了の文である。
(4) **just**(ちょうど)から，「完了」を表す文であることを見抜く。だから，この **have been to ～** は「～へ行ってきたところだ」(完了)の意味。

(1) 私のおじは死んで3年になる。
(2) あなたはもうその本を彼に返しましたか。
(3) メアリーは以前その映画を見たことがある。
(4) 私は彼を見送りに空港へ行ってきたところだ。

---

(1) 「来たばかりだ」→「ちょうど来たところだ」と考える。「ちょうど」は just。
(2) 「～へ行ったことがある」(経験)の意味は，**have [has] been to ～**で表す。
(3) read(読む)は動作を表す動詞。「動作の継続」を表す文だから，現在完了進行形になる。

(1) has, just, come
(2) has, been
(3) have, been, reading

---

(1) 「経験」を問う疑問文。ever は過去分詞の前に置いて，〈**Have+主語+ever+過去分詞～?**〉とする。
(2) 「完了」を表す文。**already** は **have** と過去分詞の間に置く。「沈む」set – set – set
(3) **not ～ yet**(まだ～ない)の形。「完了」を表す否定文になる。

(1) Have you ever seen a mirage?
(2) The sun has already set.
(3) She has not [hasn't] read the e-mail yet.

7 完了形 (1) 現在完了形

8 助動詞(1)

雨が降るかもしれない──動詞に意思，意向などを付け加える言葉

イメージを描こう

真穂：明日カナダに行くの。	I will leave for Canada tomorrow.
卓也：何をするつもりなの？	What will you do?
真穂：ヨットのレースに参加するの。	I will attend the yacht racing.
卓也：ヨットができるのかい？	Can you yacht?
真穂：はじめて3年になるわ。	I began to yacht 3 years ago.
卓也：きっと優勝だね。	You must surely win the race.
真穂：そんなに簡単に勝てるはずがないよ。でも入賞はするかもしれないわ。	I can't win so easily. But, I may win some prize.
卓也：君ならできるよ。がんばって。	I'm sure you can. Good luck!
真穂：最善をつくすわ。	I will do my best.

助動詞で雰囲気が変わる

　2人の会話には，平叙文，疑問文，否定文といろいろな文がまじっています。例えば，「何をするつもりなの？」は疑問文，「簡単に勝てるはずがないよ」は否定文です。これらの文を英語で言うとき，疑問文や否定文をつくる do や does だけで，その意味を十分に表せるでしょうか。

　「ヨットに乗る」も「ヨットに乗ることができる」と「できる」を付け加えると能力があることが表現できます。同様に「入賞するかもしれない」は「入賞する」に「かもしれない」と可能性をほのめかす言葉が付け加わっています。

　do や does という助動詞は，疑問文や否定文をつくることはできますが，それ以上の意思や類推の気持を動詞につけ加えることはできません。do や does 以外で，動詞にいろいろな可能性や類推の気持ちをつけ加える助動詞 can, may, must の働きについて勉強しましょう。

1 助動詞には共通性がある

助動詞には次のようなものがあり，共通の性質がある。[ ]内は過去形を表す。

> can [could], may [might], must, will [would], shall [should], ought to, used to, need, dare

*do, be 動詞, have はそれぞれ疑問文, 進行形・受動態, 完了形の文で助動詞としての働きをするが, 動詞に情報をつけ加えることはない。

(1) 主語が「3人称単数現在」でも -s, -es をつけない。**助動詞のあとには動詞の原形が続く。**
つまり，〈助動詞＋動詞〉ではどちらにも -s, -es はつかない。

　　Jun **can swim** very fast.
　　　↳ ✗cans swim / ✗can swims
　　（純はとても速く泳ぐことができる）

(2) 疑問文では助動詞は主語の前に来る。

　　Can *she* **play** the guitar?
　　（彼女はギターがひけますか）

(3) 否定文では助動詞のあとに **not** をつける。

　　Students **must not** use this computer.
　　（生徒はこのコンピューターを使ってはいけない）

2 基本的な助動詞 can, may, must

助動詞 can, may, must のおもな意味の関係をまとめてみると，下の表のようになる。反対の意味を表すのに必ずしも同じ助動詞を用いるとは限らないことに注意。

助動詞	意味	置きかえ可能な形	反対の意味
can	(1) ～できる	be able to	cannot, be not able to（～できない）
	(2) (否定文)～であるはずがない		must（～にちがいない）
may	(1) ～してもよい	be allowed to	may [must] not（～してはいけない）
	(2) ～かもしれない		may not（～でないかもしれない）
must	(1) ～しなければならない	have to	**need not, don't have to**（～する必要はない）
	(2) ～にちがいない		**cannot**（～であるはずがない）
	(3) (否定文)～してはいけない〈禁止〉	may not〈不許可〉	may（～してもよい）

> **基本例文**
>
> 1□ Mary **can** *speak* Japanese very well.
>   （メアリーはたいへん上手に日本語を話すことができる）
> 2□ **May** I *use* this telephone? ── Yes, of course.
>   （この電話を借りてもいいですか。──はい，いいですとも）
> 3□ You **must** *write* your name here.
>   （あなたはここに名前を書かなければなりません）

1 can の用法（過去形 could [kúd]）

(1) 能力・可能（〜できる）（例文 1）

can が能力を表す場合は **can = be able to** の関係がある。

（例文 1）→ Mary **is able to** speak Japanese very well.
　　　　　　　　　　　↳ = can

「〜できるだろう」という未来の文は **will be able to** で表す。

　You **will be able to** ski well soon.
　（すぐにスキーが上手にできるようになるでしょう）

(2) 許可（〜してもよい）…… may より口語的

　Can I take this book home? ──Yes, you **can**.
　（この本を家に持って帰っていいですか。── はい，いいですよ）

(3) ┌ 強い疑い（はたして〜だろうか）…… 疑問文で
　　└ 否定的推量（〜のはずがない）…… 否定文で

　Can he make such a mistake?　He **can't** be such a careless man.
　（彼がそんなまちがいをするだろうか。彼はそんな不注意な人間であるはずがない）

(4) 依頼（〜してくれますか）…… Can you 〜? の形

　could を用いて Could you 〜? と言えば，よりていねいな表現になる。

　Can you tell me the way to Kyoto Station?
　（京都駅へ行く道を教えてくれませんか）

　Could you make me coffee?　（コーヒーを入れてくださいますか）

> 助動詞を並べて使うことはできない。だから will can としてはダメだよ。

2 may の用法（過去形 might [máit]）

(1) 許可（〜してもよい）（例文 2）

　「〜してはいけない」と不許可を表す場合は may not。より強く禁止を表す場合は must not を用いる。

　なお，許可の意味を表す may は be allowed to でいいかえられる。

　You **will be allowed to** go out only on Sunday.
　（日曜日だけ外出が許可されることになるでしょう）

(2) 推量(〜かもしれない)

　　It **may** snow in the afternoon. （午後には雪になるかもしれない）

(3) 祈願(〜しますように) …… may は文頭に来る。

　　May you be very happy! （ご多幸をお祈りします）

❸ must の用法

(1) 義務・必要(〜しなければならない)(例文 3)

　　must がこの意味を表す場合は **must = have [has] to** の関係がある。must には過去形・未来を表す形がないので，**had to, will have to** を用いる。

　　I **had to** read more than 50 e-mails each day.
　　（私は毎日50通以上の電子メールを読まなければならなかった）

　　You **will have to** study hard to pass the exam.
　　（その試験に合格するためには一生けんめい勉強しなければならないだろう）

比較 **must**(〜しなければならない)の否定形 (➡p.63)

　　You must write your name here. （ここに名前を書かなければならない）

　　→ You **must not** write your name here. （ここに名前を書いて**はいけない**）
　　→ You **don't have to** write your name here. （ここに名前を書く**必要はない**）
　　　　　　　　= need not

　　must not は「〜してはいけない」という**禁止**の意味を表すので，「〜する必要がない」という**不必要**の意味は **don't have to** または **need not** で表す。

〔助動詞の短縮形〕

cannot	→ can't
could not	→ couldn't
must not	→ mustn't [másnt]
need not	→ needn't
will not	→ won't [wóunt]
would not	→ wouldn't
should not	→ shouldn't

(2) 強い推定(〜にちがいない)

　　He **must** be over sixty.
　　（彼は60歳をこえているにちがいない）

　　反対の意味は **cannot**(〜のはずがない)になる。

　　He **can't** be over sixty.
　　（彼は60歳をこえているはずがない）

Q have got to 〜 はどんな意味ですか。

A have to 〜 と同じ意味を表し，口語表現でよく用いられます。
　　You **have** [You've] **got to** keep your promise. （約束は守らなければならない）

THE CHECK

☐ ① 助動詞のあとには動詞の(　　　)がくる。　　　　　　　　　① → p.63
☐ ② can は能力を表す場合は，(　　　)で言いかえられる。また，must が義務・　② → p.64,
　　必要を表す場合は，(　　　)で言いかえられる。　　　　　　　　　p.65

8 助動詞(1)

テスト直前 これだけは！ 練習問題にチャレンジ

Words & Idioms
(1) *dangerous* 危険な
(2) *bat* こうもり
(3) *reserve* ～を予約する
(5) *lie* うそをつく

A 次の文の空所に can, may, must のいずれかを入れなさい。
(1) (　　　) I swim here? —— No, you may not. It's dangerous.
(2) Bats (　　　) fly freely in the dark.
(3) (　　　) I reserve a table for lunch? —— No, you don't have to.
(4) (　　　) you succeed in your business!
(5) (　　　) he be an honest man? He often lies.

B 各組の2文が同じ意味を表すように，空所に適当な1語を入れなさい。

(3) *inside* ～の中で[に]

(1) { Can you drive a car?
　　 Are you (　　　)(　　　) drive a car?
(2) { You must come here by nine.
　　 You (　　　)(　　　) come here by nine.
(3) { Don't run inside the room.
　　 You (　　　)(　　　) run inside the room.

C 各組の文を，助動詞に注意して日本語になおしなさい。

(2) *see a doctor* 医者に診てもらう

(1) { He is busy; he *must* have much to do.
　　 He is busy; he *cannot* have so much time.
(2) { You *must* see a doctor at once.
　　 You *need not* see a doctor at once.

D 日本文の意味を表すように，(　　)内の語句を並べかえなさい。

(2) 「短時間で」 *in a short time*

(1) この部屋で騒いではいけません。
　　(in / you / be / not / this room / must / noisy).

(2) 短時間でその仕事を終えなければならなかった。
　　(the work / to / in / I / a time / had / finish / short).

Check your Answers, OK?

考え方

(1) 答えの文が **may not** で**不許可**を表している点に着目。
(2) 「飛ぶことができる」で**能力**を表す。
(3) 答えの **don't have to** は**不必要**を表す。
(4) 文頭に来て，祈願の意味を表す助動詞である。
(5) あとに続く文「彼はよくうそをつく」がヒント。彼が正直な人間であることを疑っている。

答

(1) May
(2) can
(3) Must
(4) May
(5) Can

---

(1) can が，能力(〜ができる)の意味を表す場合に置きかえ可能な形である。
(2) must が，義務(〜しなければならない)の意味を表す場合に置きかえ可能な形である。
(3) 上の文は否定の命令文。助動詞を用いた**禁止**の表現にする。

(1) able, to
(2) have, to
(3) must[should], not

---

(1) must の意味が決め手になる。前後関係から義務の意味ではないことがわかる。同様に can も能力を表していない。
(2) **need not** は don't have to とともに不必要「〜する必要はない」の意味を表す。

(1) 彼は忙しい。することがたくさんあるにちがいない。
  彼は忙しい。そんなに時間があるはずがない。
(2) あなたはただちに医者に診てもらわなければならない。
  あなたはただちに医者に診てもらう必要はない。

---

(1) **禁止**の意味なので **must not** を使う。not は must のあとに置く。
(2) 「〜しなければならない」は must だが，**must には過去形がない**ので，have to の過去形の **had to** を用いる。

(1) You must not be noisy in this room.
(2) I had to finish the work in a short time.

8 助動詞(1)

9 受動態（1）
「～れる」「～られる」の英語

イメージを描こう

　ある日の昼休み，学校の職員室の入口で卓也君と健一君が中をのぞいています。担任の伊藤先生に呼ばれた博君が気になっている様子です。博君は何やら神妙にしています。どうやら伊藤先生は博君を**叱っている**ようです。その様子を見た2人は同じようなセリフを口にしました。「博は先生に**叱られている**ぞ！」

　職員室で伊藤先生の隣に座っている沖田先生が通ったので，2人は沖田先生にたずねてみました。「なぜ博は**叱られている**のですか」

　「博君は提出物を締め切りから1週間過ぎてもまだ出していないから，伊藤先生は**叱っている**んだよ」

受動態の視点

　同じ状況を言い表すのに，卓也君，健一君と沖田先生では言い方が違いますね。生徒の2人は，自分たちと同じ生徒である博君が「伊藤先生に叱られている」という言い方をしました。ところが沖田先生は同僚である伊藤先生が「博君を叱っている」と言いました。

　同じ行為や動作を言い表すにも，視点が異なると言い方も違ってきます。

(1) 沖田先生　　「伊藤先生が→叱る→博君を」
(2) 卓也君・健一君　「博君は←叱られる←伊藤先生に」

　(1)は「動作・行為をする側[働きかける側]」に視点を置いた，「～が…する」という言い方で能動態といいます。それに対して，(2)は「動作・行為を受ける側[働きかけられる側]」に視点が置かれ，「～が…される」という言い方になります。これが受動態と呼ばれる表現方法です。

1 能動態 ⇄ 受動態

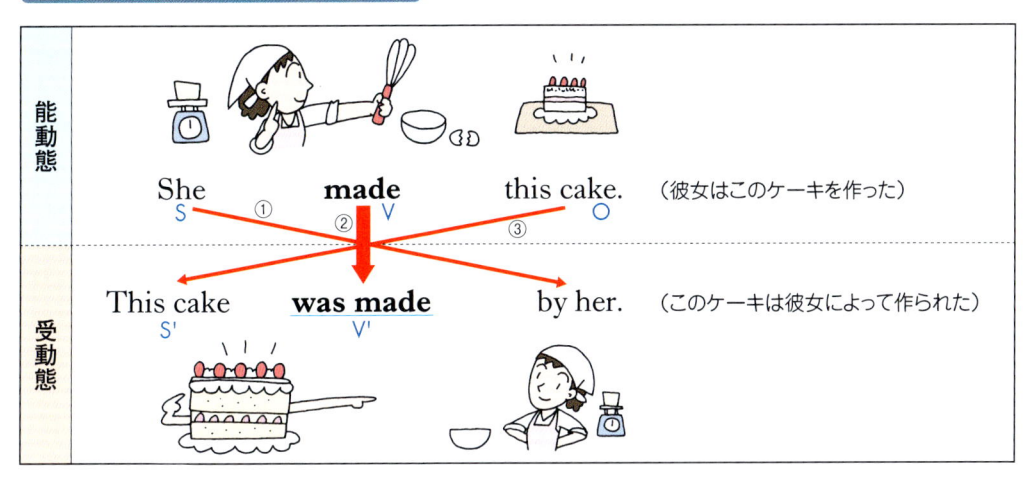

1 受動態のつくり方

能動態	She made this cake.　（彼女はこのケーキを作った） 　S　①②V　③O
受動態	This cake was made by her.　（このケーキは彼女によって作られた） 　S'　　V'

　上の図を見て，受動態のつくり方を整理してみよう。

(1) 能動態の目的語を受動態の主語にする。(this cake → This cake)
(2) 動詞を〈be 動詞＋過去分詞〉の形にする。(made → was made)
　be 動詞の形は主語の人称・数，時制によってかわる。（例文は 3 人称単数で過去 → was）
(3) 能動態の主語を〈by＋目的格〉の形にして，②のあとに置く。(She → by her)

> 受動態の形＝〈be 動詞＋過去分詞（＋ by ～）〉

2 受動態の時制

基本例文

1□ Little children like seals.
　→ Seals **are liked** by little children.
　　（アザラシは小さな子供たちに好かれている）

2□ Jane read the story yesterday.
　→ The story **was read** by Jane yesterday.
　　（その物語は昨日ジェーンによって読まれた）

3□ She will take her son to the movie.
　→ Her son **will be taken** to the movie by her.
　　（彼女の息子は彼女に映画に連れて行かれるだろう）

▲ タテゴトアザラシ

受動態の時制は，〈be 動詞＋過去分詞〉の be 動詞の形で決まる。
(1) 現在形の受動態　〈**am [are, is]** ＋過去分詞〉（例文 1）
(2) 過去形の受動態　〈**was [were]** ＋過去分詞〉（例文 2）
(3) 未来の受動態　　〈**will be** ＋ 過去分詞〉（例文 3）

2 受動態をつくれる文型は 3 つ

"make a cake ⇄ a cake is made"という能動態と受動態の関係は，「ケーキ」という「作るもの ⇄ 作られるもの」があって初めて成り立つ。言いかえれば，目的語を取る他動詞のある文でなければ能動態と受動態の関係が成り立たないのである。従って受動態をつくれる文型は，〈S＋V＋O〉〈S＋V＋O₁＋O₂〉〈S＋V＋O＋C〉の 3 つである。

基本例文

1□ Pochi *found* the key.　　　　　　　　　　〈S ＋ V ＋ O〉
　　　S　　V　　　O
　→The key **was found** by Pochi.　（その鍵はポチによって見つけられた）

2□ Bob *told* us a strange story.　　　　　　〈S ＋ V ＋ O₁ ＋ O₂〉
　　S　　V　O₁　　　O₂
　→We **were told** a strange story by Bob.　（ボブによって不思議な話がされた）
　→A strange story **was told** to us by Bob.

3□ They *named* the ship Tsubasa.　　　　　　〈S ＋ V ＋ O ＋ C〉
　　S　　V　　　　O　　C
　→The ship **was named** Tsubasa.　（その船は「翼」と名づけられた）

1 〈S＋V＋O₁＋O₂〉の受動態

この文型は目的語が 2 つあるので，それぞれを主語にした **2 通りの受動態**が可能。

Ms. Green teaches *us English*.
　S　　V　　O₁　O₂

→ We **are taught** English by Ms. Green.　（私たちはグリーン先生に英語を教わる）
→ English **is taught** to us by Ms. Green.　（英語はグリーン先生に教わる）

次の動詞は 2 つの受動態が可能。

give（与える），**lend**（貸す），**pay**（支払う），**send**（送る），**show**（見せる），
teach（教える），**tell**（伝える）　など

Q 〈S＋V＋O₁＋O₂〉の受動態は必ず２通りできますか。

A **make**, **buy**, **get**, **sing**, **read**, **write** などの動詞の場合は，人を表す目的語を主語にした受動態の文は不自然です。**物を表す目的語を主語にした受動態のみ可能**です。

He *made* me a new suit. （彼は私に服を新調してくれた）
○ → A *new suit* **was made** for me by him.
× → I was made a new suit by him.

Mary *wrote* him a long letter.
（メアリーは彼に長い手紙を書いた）
○ → A *long letter* **was written** to him by Mary.
× → *He* was written a long letter by Mary.

2　〈S＋V＋O＋C〉の受動態

　この文型は **O** を主語にした受動態のみ可能。C は〈be 動詞＋過去分詞〉のあとにそのまま残しておく。C を主語にしないよう注意すること（例文 3）。

My aunt *called her* Anna.
　S　　　V　　O　C
→ *She* **was called** Anna by my aunt. （彼女は私のおばによってアンナと呼ばれた）
　× → *Anna* was called～．

次の動詞などがこの文型で用いられる。

call（呼ぶ），**keep**（～しておく），**make**（～にする），**name**（名づける），
paint（塗る）　など

3　受動態の否定文と疑問文

基本例文

1□ This textbook **is not used** at our school.　　　〈否定文〉
　　（この教科書は私たちの学校では使われていない）
2□ **Was** this picture **painted** by her?　　　〈疑問詞がない疑問文〉
　　（この絵は彼女に描かれたのですか）
3□ **When was** the telephone **invented**?　　　〈疑問詞が主語以外の疑問文〉
　　（電話はいつ発明されたのですか）
4□ **What was said** by Jane at the meeting?　　　〈疑問詞が主語の疑問文〉
　　（会議でジェーンによって何が言われたのですか）

　受動態の否定文と疑問文は，be 動詞を用いた文の否定文，疑問文と同じ形になる。

(1) 否定文　〈be 動詞＋not[never]＋過去分詞〉(例文 1)

French **is not taught** at this school.
（フランス語はこの学校では教えられていない）

(2) 疑問詞のない疑問文　〈Be 動詞＋主語＋過去分詞～?〉(例文 2)

This room is cleaned every day.

→ **Is** this room **cleaned** every day?
（この部屋は毎日掃除されていますか）

(3) 疑問詞が**主語以外**の場合　〈疑問詞＋be動詞＋主語＋過去分詞～?〉(例文 3)

The key was found under the desk.

→ **Where was** the key **found**?
（かぎはどこで見つけられましたか）

(4) 疑問詞が**主語**の場合　〈疑問詞＋be動詞＋過去分詞～?〉(例文 4)

「何が[だれが / どちらが]～されるのか」という意味の疑問文になる。

A diamond ring was stolen from her house.

→ **What was stolen** from her house?
（何が彼女の家から盗まれたのですか）

注意　by（だれによって～されるか）をたずねる場合は，〈Who＋be 動詞＋主語＋過去分詞＋by ～?〉または〈By whom＋be 動詞＋主語＋過去分詞～?〉とする。

Who was the steam engine **invented** by?
（＝**By whom was** the steam engine **invented**?）
（蒸気機関はだれによって発明されましたか）

4 助動詞を含む受動態

〈助動詞＋be＋過去分詞〉の形になる。be 動詞は原形の be を使う。

> 基本例文
> 1□ A full moon **can be seen** tonight.
> 　　（今夜は満月が見られるよ）
> 2□ The report **should be finished** at once.
> 　　（レポートはすぐに書き終えられるべきだ）

疑問文の場合は助動詞を文頭に出し，〈助動詞＋主語＋be＋過去分詞～?〉となる。否定文は**助動詞のあとに** not を置く。

Must the work **be done** today?
（その仕事は今日されなければなりませんか）

Takuya **will not be invited** to the party.
（卓也はパーティーに招待されないだろう）

否定文と疑問文は，助動詞を含む文の否定文・疑問文と同じ形になる。

POWER UP

1 by～ の省略 ── by～ のない受動態の文も多い。

受動態は動作を受ける側に重点をおいた表現なので、動作をする人[行為者]を表す by～ はよく省略される。とくに次の場合は、by～ を示さないのがふつうである。

① 行為者が一般の人である場合

They speak English in Australia.

→ English **is spoken** in Australia.
（オーストラリアでは英語が話される）

People called him an iron man.

→ He **was called** an iron man.
（彼は鉄人と呼ばれた）

② 行為者が不明、または自明で特に示す必要がない場合

My uncle **was killed** in World War Ⅱ.
（おじは第2次世界大戦で戦死した）

Dr. Yamanaka **was given** a Nobel prize.（山中博士はノーベル賞を受賞した）

2 「～される」と「～されている」──動作と状態

右欄の①の文は「～される」と動作を、②の文は「～されている」と状態を表している。どちらの意味になるかは、文の前後関係から判断する。

① The store **is closed** at ten p.m.
（その店は午後10時に閉められる）〔動作〕

② The store **is closed** already.
（その店はすでに閉められている）〔状態〕

be 動詞のかわりに get, lie などを用いて2つの意味を区別することもある。

get, become など＋過去分詞 ── 動作
lie, remain など＋過去分詞 ── 状態

She **got hurt** in the accident.
（彼女はその事故でけがをした）

The door **remained closed**.
（ドアは閉められたままだった）

3 They say that ～.（～だそうだ）の受動態

that で始まる名詞節が目的語の場合は、次のように2通りの受動態の文ができる。

They say that thirteen is unlucky.
（13は縁起が悪いそうだ）

→ **It is said that** thirteen is unlucky.
→ **Thirteen is said to** be unlucky.

THE CHECK

☐ ① 受動態の動詞の形は〈be 動詞＋（　　）〉、主語になるのは能動態の（　　）。　① → p.69
☐ ② 受動態をつくれる文型を3つ答えなさい。　② → p.70
☐ ③ 受動態の疑問文と否定文の形は？　③ → p.71
☐ ④ 助動詞を含む受動態の形は？　④ → p.72

テスト直前 これだけは！ 練習問題にチャレンジ

Words & Idioms

A 各組の文がほぼ同じ意味を表すよう、空所に適当な1語を入れなさい。

(1) ｛ We must call the police at once.
　　 The police (　　　)(　　　)(　　　) at once.

(2) ｛ They will install a copy machine in the office.
　　 A copy machine will (　　　)(　　　) in the office.

(3) ｛ They grow melons in Miyazaki.
　　 Melons (　　　)(　　　)(　　　) Miyazaki.

(1) *police*
　警察
(2) *install* [instɔ́ːl]
　～を取りつける
(3) *grow*
　～を育てる

B 次の文の態をかえなさい。

(1) Jack gave me these old coins. (2通りの文に)

(2) They elected Ken captain of the team.

(3) What did Abraham Lincoln do?

(2) *elect* [ilékt]
　～を…として選ぶ
(3) *Abraham Lincoln*
　エイブラハム・リンカーン（米国第16代大統領）

C 日本文の意味を表すように、(　　)内の語句を並べかえなさい。

(1) ブラジルではポルトガル語が話される。
　(is / Brazil / Portuguese / in / spoken).

(2) これらのクッキーはあなたのお母さんが作ったのですか。
　(by / these / made / cookies / your / were / mother)?

(3) この花は日本ではいつ見られますか。
　(seen / flowers / in / when / Japan / these / are)?

(1)「ブラジル」
　Brazíl
　（アクセント注意）
　「ポルトガル語」
　Portugúese

D 次の文を受動態を用いて英語になおしなさい。

(1) これらの写真はいつ撮られたのですか。
　When _____?

(2) ファーストフード産業は1920年代に始まったと言われている。
　(It is said ～. を用いて)
　It _____ in the 1920s.

(1)「写真を撮る」
　take photos
　[*pictures*]
(2)「ファーストフード産業」
　fast-food industry

PART1　基本編

Check your Answers, OK?

考え方

(1) 助動詞を含む受動態。must の後ろの be 動詞は必ず原形。
(2) 未来を表す受動態。
(3) 「メロンは宮崎で栽培されている」の意味。They は一般の人を表すから受動態の文では省略。

答

(1) must, be, called
(2) be, installed
(3) are, grown, in

---

(1) me, these old coins をそれぞれ主語にして受動態の文をつくる。主語にならない方の目的語はそのまま過去分詞のあとに残す。
(2) 〈S＋V＋O＋C〉の受動態。O である Ken が受動態の主語になる。
(3) 受動態にすると疑問詞の What が主語となるので〈疑問詞＋be 動詞＋主語～?〉。

(1) I was given these old coins by Jack. / These old coins were given to me by Jack.
(2) Ken was elected captain of the team.
(3) What was done by Abraham Lincoln?

---

(1) They speak Portuguese in Brazil. を受動態にした文。
(2) 疑問詞のない疑問文の受動態。
(3) 疑問詞は文頭，主語は **these flowers** なので〈疑問詞＋be 動詞＋主語＋過去分詞～?〉

(1) Portuguese is spoken in Brazil.
(2) Were these cookies made by your mother?
(3) When are these flowers seen in Japan?

---

(1) 〈疑問詞＋be 動詞＋主語＋過去分詞～?〉
(2) **It is said that** ～. の文。真主語は that 以下。

(1) (When) were these photos[pictures] taken?
(2) (It) is said that the fast-food industry began (in the 1920s).

不規則動詞の変化表

動詞の活用に強くなろう

　動詞は，規則変化をするものと不規則変化をするものに分かれます。以下の表には不規則変化する動詞の中で，使われることが多いものを集めました。

原　形[現在形]		過去形	過去分詞形
be[am / are / is]	(〜です)	was, were	been
become	(〜になる)	became	become
begin	(始める)	began	begun
break	(壊す)	broke	broken
bring	(持ってくる)	brought	brought
buy	(買う)	bought	bought
catch	(捕らえる)	caught	caught
come	(来る)	came	come
cut	(切る)	cut	cut
do[does]	(する)	did	done
drink	(飲む)	drank	drunk
eat	(食べる)	ate	eaten
feel	(感じる)	felt	felt
find	(見つける)	found	found
forget	(忘れる)	forgot	forgot, forgotten
get	(得る)	got	got, gotten
give	(与える)	gave	given
go	(行く)	went	gone
grow	(成長する)	grew	grown
have[has]	(持つ)	had	had
hear	(聞く)	heard	heard
keep	(保つ)	kept	kept
know	(知っている)	knew	known
learn	(学ぶ)	learned, learnt	learned, learnt
leave	(去る)	left	left
let	(〜させる)	let	let

原　形[現在形]		過去形	過去分詞形
make	(つくる)	made	made
mean	(意味する)	meant	meant
meet	(会う)	met	met
put	(置く)	put	put
read	(読む)	read[red]	read[red]
run	(走る)	ran	run
say	(言う)	said	said
see	(見る)	saw	seen
sell	(売る)	sold	sold
send	(送る)	sent	sent
show	(見せる)	showed	shown, showed
sing	(歌う)	sang	sung
sit	(座る)	sat	sat
sleep	(眠る)	slept	slept
speak	(話す)	spoke	spoken
swim	(泳ぐ)	swam	swum
take	(取る)	took	taken
teach	(教える)	taught	taught
tell	(話す)	told	told
think	(考える)	thought	thought
understand	(理解する)	understood	understood
wear	(着る)	wore	worn
write	(書く)	wrote	written

不規則動詞の変化はいくつかの型に分類できます。覚えるときの参考にしましょう。

活用の型	例
① A-B-C型	drink-**drank**-**drunk**, eat-**ate**-**aten**, know-**knew**-**known**など
② A-B-B型	find-**found**-**found**, make-**made**-**made**, think-**thought**-**thought**など
③ A-B-A型	**come**-came-**come**, **become**-became-**become**, **run**-ran-**run**など
④ A-A-A型	**cut**-**cut**-**cut**, **let**-**let**-**let**, **put**-**put**-**put**, **read**-**read**-**read**など

① すべて形が違う。② 過去形と過去分詞形が同じ形。③ 原形と過去分詞形が同じ形。④ すべて同じ形。

10 不定詞(1)

イメージを描こう

　携帯電話は便利な機能がどんどん加わり，ついこの間買った機種がもう時代遅れということも珍しくありません。真理も新しい携帯電話が気になります。

真理：携帯を新しい機種に替えたいの。
　母：つい最近，替えたばかりでしょう。
真理：友だちもみんな最新の機種に替えているの。明日，新しい機種を探しに行くわ。
　母：お金払うのはあなただから，私はこれ以上何も言わないわ。

　真理は翌日，携帯ショップへ行き，最新の機種に変更しました。

真理：替えてよかったわ。使いやすいし，何よりもカッコいい。お母さんも替えたら？
　母：私は今の携帯で十分間に合っているわ。カッコいいのもいいけど，料金も高くなるのでしょう。お金がどんどんなくなっていくわね。

不定詞も便利!?

　会話の下線部に注目してみましょう。下線の部分が**不定詞＝〈to ＋動詞の原形〉**で表現される部分です。このように不定詞は文中でいろいろな働きをしています。

替えたい(= **替えること**＋**を望む**) → want **to change**	目的語になる
探しに行く(= **探すために**＋**行く**) → go **to look** for	「目的」を表す
替えてよかった(= **替えて**＋**うれしい**) → happy **to change**	「原因」を表す
使いやすい(= **使うのが**＋**やさしい**) → easy **to use**	形容詞を修飾

　上の例は不定詞の用法の一部にすぎません。不定詞を使いこなすと英語の幅がぐっと広がります。この章でさらにくわしく学んでいきましょう。

1 名詞的用法の不定詞

不定詞[＝**to**＋**動詞の原形**]は文中で主語・補語・目的語の働きをする。この働きは名詞と同じなので，**名詞的用法**と呼ばれる。日本語では「**〜すること**」のように訳すとほぼ意味が通じる。

> **基本例文**
> 1□ He wants **to learn** Italian.　　　　　　　　　　　　　〈目的語〉
>   （彼はイタリア語を勉強したいと思っている）
> 2□ **To master** a foreign language is not easy.　　　　　　〈主　語〉
>   （外国語を習得することは簡単ではない）
> 3□ His hope is **to live** in Rome.　　　　　　　　　　　　〈補　語〉
>   （彼の望みはローマで暮らすことです）

(1) **目的語**になる（例文 1）

　The leaves began <u>to turn</u> red.
　　　 S　　　V　　　 O
　（葉が紅葉し始めた）

(2) **主語**になる（例文 2）

　この場合，**形式主語 It** を文頭におき，不定詞を後ろに回すのがふつうである。

　（例文 2）→ **It** is not easy *to master* a foreign language.

　It is impossible *to live* without water.
　（水なしで生きることは不可能です）

> 不定詞は人称や時制によって変化しません。文字通り，「人称や時制」によって定まらない(不定)言葉」です。

(3) **補語**になる（例文 3）

　The old woman's wish was <u>to live</u> in peace.
　　　　　 S　　　　V　　　 C
　（その年老いた女性の願いは平穏に暮らすことだった）

begin to 〜（〜し始める）のように，前の動詞と結びつけて覚えよう。

want to 〜（〜したい），**wish to** 〜（〜したい），**start to** 〜（〜し始める），
try to 〜（〜しようとする）など

I want **to study** art in Paris.
（パリで美術を勉強をしたい）

注意 不定詞はもともと動詞なので，不定詞自身も目的語・補語・修飾語を伴う。例えば上の基本例文では，
（例文 1）→ 不定詞 to learn は Italian という目的語を伴っている。

（例文 3）→ 不定詞 to live は in Rome という修飾語を伴っている。
大切なことは，**不定詞で始まる語句がどこまでなのかを正確につかんで，その部分をまとめて訳すことである。**

疑問詞＋to不定詞

「自転車の乗り方」= how to ride a bike
「英語の話し方」 = how to speak English
のように，「～の仕方」というとき，不定詞の前に疑問詞 how をつけて **how to ～** の形で表す。

how to 以外にもwhat to ～, when to ～など不定詞の前に疑問詞をつけていろいろな意味を表せる。
名詞的用法と同じように文の目的語・主語・補語になる。

基本例文 〈疑問詞＋to不定詞〉

1□ Do you know **how to reserve** a seat? 〈目的語〉
（あなたは座席の予約の仕方を知っていますか）

2□ **When to start** is a difficult problem. 〈主　語〉
（いつ出発するかはむずかしい問題です）

3□ The question was **what to do** next. 〈補　語〉
（問題は次に何をするかだった）

---

how to ～（～の仕方）　**what to ～**（何を～するか）　**when to ～**（いつ～するか）　**where to ～**（どこへ[で]～するか）　**what[which]＋名詞＋to ～**（どの〔名詞〕を～するか）

what と which は，そのあとに名詞がくる場合がある。

My sister didn't know **what** book **to read**.
　S　　　　V　　　　　　　　O
（妹は何の本を読むべきかわからなかった）

She wondered **which** hat **to buy**.
　S　　V　　　　　　　O
（彼女はどの帽子を買おうかと思った）

注意 節への書きかえ

〈疑問詞＋ to 不定詞〉の文は should を用いて名詞節に書きかえられる。

（例文1）→ Do you know *how you* **should** *reserve a seat*?

（例文2）→ *When we* **should** *start* is a difficult problem.

（例文3）→ The question was *what we* **should** *do next*.

S+V+O+to不定詞

「弟に手伝ってくれるように言う」= tell <u>my brother</u> to help me
「彼女にこの仕事をしてもらいたい」= want <u>her</u> to do this work
のように「～に…するようにと言う[頼む]」などと表現するときこの形を使う。

基本例文 （S+V+O+to不定詞）

1□ **I want** him **to solve** the problem. （私は彼にその問題を解いてほしい）
    S V   O

2□ Mr. Brown **told** me **to come** as soon as possible.
        S   V O
（ブラウン先生は私にできるだけ早く来るようにと言った）

3□ She **asked** Peter **to stay** there.
    S   V   O
（彼女はピーターにそこにいてくださいと言った[頼んだ]）

例文1で him と to solve の間に意味上 He solves the problem. という関係があることに着目しよう。このように **O と to 不定詞の間には意味上〈S+V〉の関係が成り立つ**。

Ryoko **advised** me **to take** TOEIC next month.
（涼子は私に来月TOEICを受けるようにすすめた）
→ I would take TOEIC next month.

I **expect** him **to come** soon. （私は彼がすぐにやって来ると思う）
→ He will come soon.

この形をとる動詞

want ～ to...（～に…してもらいたい）, **tell ～ to...**（～に…するように言う）, **ask ～ to...**（～に…するように頼む）, **advise ～ to...**（～に…するよう忠告する）, **allow ～ to...**（～に…することを許す）, **order ～ to...**（～に…するよう命じる）

2 形容詞的用法の不定詞

There were some mails **to answer**.
（返事を出さなければならないメールが何通かあった）

上の文で，不定詞 to answer は前の名詞 mails を修飾している。このように，「～すべき…」「～する…」の意味で**前の名詞・代名詞を修飾する**のが**形容詞的用法**の不定詞である。

基本例文

1□ I have a lot of *work* **to do** today. （今日やるべき仕事がたくさんある）
2□ She had no *one* **to help** her. （彼女には助けてくれる人がいなかった）
3□ Do you have *anything* **to talk** about? （何か話すことがありますか）

10 不定詞(1)

不定詞と修飾する語との関係は次の通り。

(1) V と O の関係（例文 1）

例文 1 では work は to do の目的語だから，意味的には to do と work は V と O の関係。

例文 1 → I <u>do</u> a lot of <u>work</u> today.
　　　　　 V　　　　　 O

(2) S と V の関係（例文 2）

例文 2 では to help という動作をするのが one（人を表す）だから，one と to help は意味的には S + V の関係にある。

例文 2 → <u>No one</u> <u>helped</u> her.
　　　　　　S　　　 V

(3) 前置詞の目的語（例文 3）

(代)名詞が不定詞のあとの前置詞の目的語になることがある。例文 3 の about の目的語は anything である。

Q なぜ不定詞のあとに前置詞が必要なときがあるのですか。

A She has some friends to play **with**. を考えてみよう。
「友達と遊ぶ」→ play **with** some friends で with が必要。
「遊ぶ友達」→ some friends to play **with** で with が必要。
同様に，He found a chair to sit **on**. （彼は座るイスを見つけた）の **on** が必要なのは，He sat **on** a chair. であって，He sat a chair. とは言えないからです。

3　副詞的用法の不定詞

不定詞は副詞と同じ働きをして，前の動詞・形容詞・副詞などを修飾する。

基本例文

1□ She left early **to catch** the first train.　　〈目　的〉
（彼女は一番列車に間に合うように早く出発した）

2□ We were surprised **to hear** the news.　　〈原　因〉
（私たちはその知らせを聞いて驚いた）

3□ The boy grew up **to be** a famous artist.　　〈結　果〉
（少年は大きくなって有名な画家になった）

1　動詞を修飾する用法

(1) 「**目的**」を表す（例文 1）　「～するために」の意味。この意味を明確にするため，in order や so as を to の前につけることもある。

He worked hard **in order to [so as to] win** the scholarship.
（彼は奨学金をもらうために一生けんめいに勉強した）

(2) 「原因・理由」を表す（例文 2）「～して」と感情の原因を表すことが多い。

I am very glad **to hear** that. （それを聞いてとてもうれしい）

(3) 「結果」を表す（例文 3）「（～して）その結果，…になる」の意味。不定詞の前に only や never のついた形はほぼこの意味。 <覚え得>

（例文 3）→ The boy grew up *and became* a famous artist.

They worked hard to build a bridge, **only to** fail.
（彼らは橋をかけようとけんめいに働いたが，失敗した）

She went out of the room, **never to** come back.
（彼女は部屋から出て，再び帰ってくることはなかった）

(4) 「判断の根拠」を表す。「～するなんて」「～とは」のように訳す。

I was a fool **to believe** his words.
（彼の言葉を信じるなんて，ぼくはばかだった）

(5) 「条件」を表す。「～したら」の意味で，仮定法（→p.277）の文で用いられる。

To hear him talk on the phone, you would take him for his father.
（彼が電話で話すのを聞くと，彼のお父さんとまちがえるだろう）

2 形容詞・副詞を修飾する用法

(1) **be difficult[easy] to ～** の形。「～するのがむずかしい[やさしい]」の意味。

He **is difficult to** please. （彼は機嫌をとるのがむずかしい）

= It is difficult to please him.

Cinnamon cookies **are easy to** make.
（シナモンクッキーは作るのが簡単です）

= It is easy to make cinnamon cookies.

(2) **be likely to ～**「～しそうだ」

It **is likely to** snow. （雪が降りそうだ）

(3) **too ～ to ...**「あまりに～なので…できない」の意味。

➡ **so ～ that + S + cannot ...** で言いかえられる。

He was **too** young **to** see the reason.
（彼はあまりにも年少だったので，その理由がわからなかった）

= He was **so** young **that** he **could not** see the reason.
↳ can はだめ。主節の was と時制を合わせる。

(4) **～ enough to ...**「…するだけ十分に～」の意味。

➡ **so ～ that + S (+ can)...** で言いかえられる。

He was wise **enough to** keep it secret.
（彼は賢明にもそのことをだれにも言わなかった）

= He was **so** wise **that** he kept it secret.

(5) **so ~ as to ...**「…するほどに~な」の意味。
➡ **so ~ that + S (+ can)...**

He was **so** careless **as to** leave the door unlocked.
（彼はドアにロックをしないほど不注意だった→彼は不注意にもドアにロックをしなかった）

= He was **so** careless **that** he left the door unlocked.

③ 不定詞を含む慣用構文

上に述べた以外にも，不定詞を含む慣用的な構文がいくつかある。

(1) **come [get, learn] to ~**「~するようになる」

We **came to** know each other while we were in France.
（私たちはフランスに滞在しているときに知り合いになった）

「努力の結果~できるようになる」は learn to ~ を用いる。

She **learned to** speak Spanish very well.
（彼女はスペイン語をとても上手に話すようになった）

(2) **manage to ~**「何とかして~する」

They **managed to** reach the foot of the mountain.
（彼らは何とか山のふもとにたどり着いた）

(3) **afford to ~**「~する余裕がある」

ふつうは can や be able to とともに否定文・疑問文で使われる。

I cannot **afford to** buy such an expensive car.
（私はそんな高価な車を買う余裕がない）

(4) **be certain to ~**「きっと~する」

He **is certain to** win the game.
（彼はきっとその試合に勝つ）

(5) **prove [turn out] to ~**「~であるとわかる」

The bag **proved [turned out] to** be his.
（そのかばんは彼のものであると判明した）

(6) **have ~ to do with ...**「…とは~な関係がある」

この表現で使われる不定詞は to do のみである。~の部分にはmuch, something, little, nothingなどの程度を表す語がくる。

The police think that he **has** *much* **to do with** the affair.
（警察は，彼がその事件に大いに関係があると考えている）

The accident **had** *nothing* **to do with** the weather.
（その事故は天候とは無関係であった）

POWER UP

「意味上の主語」という言葉について考えてみよう

「よく聞くけど，もうひとつピンとこない」のが「意味上の主語」という言葉ではないだろうか。少しわかりやすく言えば，「**不定詞が表す動作をする人**」のことを意味上の主語という。不定詞はもともと動詞だから，必ずその動作をする人がいるわけだ。例文で考えてみよう。

(1) I want *to master* English.
　　（私は英語をマスターしたい）
(2) I want **you** to *master* English.
　　（私は君に英語をマスターしてほしい）

不定詞 to master English（英語をマスターすること）の主語は，(1)では文の主語 I なのに対し，(2)では不定詞の前の you である。このように，文の主語とは別に不定詞の意味上の主語を示すことがある。

〔A〕 不定詞の意味上の主語を示さない場合

① 「**文の主語＝不定詞の意味上の主語**」のとき
　上で述べた(1)の場合である。
② 漠然とした「**一般の人**」が主語のとき
　It is dangerous to be here any longer.
　　（これ以上ここにいるのは危険です）

〔B〕 不定詞の意味上の主語を示す場合

① **S + V + O + to 不定詞** の形
　O が意味上の主語である。（→p.81）
　I expect **you** to do the best.
　　（私は**君**が最善をつくすことを期待する）

② **It is ～ for ＿ + to 不定詞** の形
　for ＿ の「―」が意味上の主語である。
　It is natural **for him** to keep the money.
　　（**彼が**そのお金を保管するのが当然だ）
　Is it dangerous **for her** to be here any longer?
　　（**彼女が**これ以上ここにいるのは危険ですか）
＊この文と〔A〕②の文を比べてみよう。

③ **It is ～ of ＿ + to 不定詞** の形
　of ＿ の「―」が意味上の主語。この形を用いるのは，kind, nice, foolish, stupid, cruel, careless など人の性質・態度を表す**形容詞**が前にある場合である。
　It is kind **of you** to invite me.
　　（お招きいただいてありがとう）
　It is cruel **of him** to treat the turtle like that.
　　（カメをそんなふうに扱うなんて彼は残酷だよ）

THE CHECK

- □ ① 不定詞の名詞的用法の働きを述べなさい。　①→ p.79
- □ ② It is not easy to master a foreign language. の It を何といいますか。　②→ p.79
- □ ③ what to ～, when to ～ を日本語になおしなさい。　③→ p.80
- □ ④ 〈S + V + O + to 不定詞〉で，O と to 不定詞の間にはどんな関係がありますか。　④→ p.81
- □ ⑤ ～ enough to... を日本語になおしなさい。　⑤→ p.83
- □ ⑥ 不定詞の意味上の主語が示される場合の形を3つ答えなさい。　⑥→ p.85

テスト直前 これだけは！ 練習問題にチャレンジ

Words & Idioms

(1) *result*
結果
(2) *take care of* ～
～の世話をする
(3) *for lunch*
昼食に

A 次の不定詞の用法を答え，さらに全文を日本語になおしなさい。

(1) They were surprised to see the results.

(2) He has a family to take care of him.

(3) What would you like to eat for lunch?

B 各組の２文が同じ意味を表すように，（　）内に適当な１語を入れなさい。

(3) *awoke < awake*
目が覚める

(1) { Please tell us where to camp.
    { Please tell us where (　　　)(　　　) camp.

(2) { She is too old to go out.
    { She is (　　　) old (　　　) she (　　　) go out.

(3) { I awoke to find the hill covered with snow.
    { I awoke (　　　)(　　　) the hill covered with snow.

C 日本文の意味を表すように，（　）内の語句を並べかえなさい。

(3) *repair*
～を修理する

(1) 君はもうその事実を知ってもよい年ごろだ。
(to / are / enough / the fact / you / know / old).

(2) 先生は少年たちに騒がしくしないように言った。
(not / the boys / be / the teacher / noisy / to / told).

(3) その機械を修理するのは彼には簡単だった。
(was / to / him / the machine / it / repair / easy / for).

D 次の文を不定詞を用いて，英語になおしなさい。

(1) 「～と話す」
talk with ～
(2) 「～を見失う」
lose sight of ～
「不注意な」
careless

(1) 妹には話し相手となる友だちがたくさんいる。
My sister has＿＿＿＿＿＿＿＿＿＿＿＿＿＿＿＿＿＿＿．

(2) 彼を見失うとは君も不注意だった。
It was＿＿＿＿＿＿＿＿＿＿＿＿＿＿＿＿＿＿＿．

考え方

(1) to see 〜は前の were surprised の原因を表している。
(2) to take 〜は前の名詞 family を修飾している。「世話してくれる→家族」
(3) to eat は動詞 would like の目的語。would like to 〜 で「〜したい」。

(1) 〈疑問詞＋to 不定詞 ⇄ 疑問詞＋S＋should 〜〉の書きかえ。
(2) 〈too 〜 to ... ⇄ so 〜 that＋S＋cannot ...〉の書きかえ。
(3) 「結果」を表す用法。「目を覚ますと丘は雪でおおわれていた」の意味。

(1) 〜 enough to ... の形にする。enough の前に形容詞を置くことに注意。
(2) 〈S＋V＋O＋to 不定詞〉の語順にする。不定詞の否定形は not to 〜。V は told。
(3) It is 〜 for__ to ... の文。不定詞の意味上の主語になる「彼(には)」＝for him を不定詞の前に置く。

(1) 形容詞的用法。「〜と話をする」は talk with 〜 だから，with を忘れないこと。
(2) 人の性格・態度に対して判断を示す文だから，It is 〜 of__ to ... の形。for ではなく of を用いることに注意。

答

(1) 副詞的用法：彼らは結果を見て驚いた。
(2) 形容詞的用法：彼には世話をしてくれる家族がある。
(3) 名詞的用法：昼食には何を食べたいですか。

(1) we, should
(2) so, that, cannot[can't]
(3) and, found

(1) You are old enough to know the fact.
(2) The teacher told the boys not to be noisy.
(3) It was easy for him to repair the machine.

(1) (My sister has) a lot of [many] friends to talk with.
(2) (It was) careless of you to lose sight of him.

11 動名詞(1)

-ingの正体は動詞？名詞？ —— 動詞と名詞の働きをもつ

イメージを描こう

先生：中学校のときに動詞に〈-ing〉のついた形を習ったね。

卓也：はい，進行形の文に出てきました。

先生：ところで，形は同じだけど，全く違う働きをする〈-ing〉が出てきたことを覚えていない？

卓也：さあ，そんなのあったかな？

先生：では，次の２つを比べてみよう。

(1) He is **fishing** in the river.
(2) His hobby is **fishing** in the river.

(1)は進行形の文だね。「彼は川で**釣りをしています**」という意味になる。では(2)の意味はわかるかな？「彼の趣味は川で釣りをしている」では変だろう？

卓也：そうですね。ああ，思い出した。
(2)は「彼の趣味は川で**釣りをすること**です」ですね。

先生：その通り。(2)の文で使われている〈-ing〉は「〜すること」の意味で，補語の働きをしている。

卓也：fish は動詞なのに，fishing になると名詞になるのですか。

先生：いいところに気がついたね。(2)のfishing は名詞の働きをしている。この〈動詞＋-ing〉の形を勉強しよう。

動名詞は両刀使い

動詞と名詞の中間にあって，動詞と名詞両方の働きをする大変便利な言葉を，英語では「**動名詞**」といい，〈動詞の原形＋ing〉の形で表します。「進行形」と似ていますが，進行形ではありません。

進行形→ be 動詞＋-ing（〜している）
動名詞→ -ing（〜すること）

日本語の「ロックを聞くこと」「英語を話すこと」「スケートをすること」などの表現は，英語では，

listening to rock'n'roll
speaking English
skating

のように動名詞を用いて表します。

この章では，動名詞の性質と用法をさらにくわしく調べ，同じように「〜すること」の意味を表す不定詞の名詞的用法との違いについても学んでいきます。

1 動名詞の働きは不定詞と似ている

動名詞には2つの顔，動詞の顔と名詞の顔がある。名詞の仲間だから，**名詞と同じ働きをして**，文中で主語や補語になったり，動詞や前置詞の目的語になる。

> 動名詞＝動詞の -ing 形
> （〜すること）

基本例文

1□ **Fishing** in the sea is a lot of fun. 〈主　語〉
　　S
　（海で釣りをするのはとてもおもしろい）
　　釣りをすることは

2□ My pleasure is **watching** birds. 〈補　語〉
　　　　　　　　　　　C
　（私の楽しみは鳥を観察すること［バードウォッチング］です）

3□ She enjoyed **traveling** during the holiday. 〈目的語〉
　　　　　　　　　　O
　（彼女は休暇中に旅行を楽しんだ）
　　　　旅行をすることを

4□ We talked about **going** abroad. 〈前置詞の目的語〉
　　　　　　　　　　　O
　（私たちは外国へ行くことについて話した）

(1) **主語**になる（例文1）

　Speaking English is very difficult for me.
　（英語を話すことは私には大変むずかしい）

(2) **補語**になる（例文2）

　His *fault is **wasting** money.
　（彼の欠点はむだづかいをすることです）*fault 欠点

(3) **目的語**になる（例文3, 4）

　My brother likes **playing** computer games.
　（弟はコンピューターゲームをするのが好きだ）

　She insisted on **doing** the work alone.
　（彼女はその仕事をひとりですると主張した）

> 動名詞が補語になる形と進行形を区別しよう。

上で述べた動名詞の働きは不定詞の名詞的用法とほぼ同じだが，違う点が1つある。それは，**動名詞は前置詞の目的語になれる**（前置詞のあとにおける）が，不定詞にはその用法がないことである。つまり，最後の例文を次のように言うことはできない。

　✗ She insisted on *to do* the work alone.

注意 動名詞はもともと動詞だから，動詞としての働きもかねそなえ，目的語や修飾語(句)を伴う。

（例文1）→ Fishing *in the sea*
　*in the sea は Fishing を修飾する語句。

（例文2）→ watching *birds*
　*birds は watching の目的語。

（例文3）→ traveling *during the holiday*
　*during the holiday は traveling を修飾する語句。

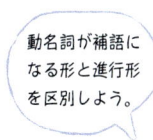

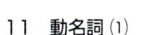

2 目的語としての動名詞・不定詞

他動詞は目的語を必要とするが，動詞を目的語にするには動詞を名詞化しなければならない。名詞化の方法として，①動名詞にする，②不定詞にする，の2つの方法があるが，自由に自分の好きな方を選べるわけではない。この選び方について考えよう。

「私はドライブを楽しんだ」

I enjoyed ┌──────── a car.┐ ① driving / ② to drive ← drive   どちらの形にするか？

他動詞　　目的語　　　名詞化 ← 動詞

基本例文

1. ○ I **enjoyed driving** a car. （私はドライブを楽しんだ）
   × I enjoyed *to drive* a car.

2. × He decided *resigning*. *resign[rizáin] 〜をやめる
   ○ He **decided to resign**. （彼は退職することに決めた）

3. ○ She has **begun learning** English. （彼女は英語を習い始めた）
   ○ She has **begun to learn** English.

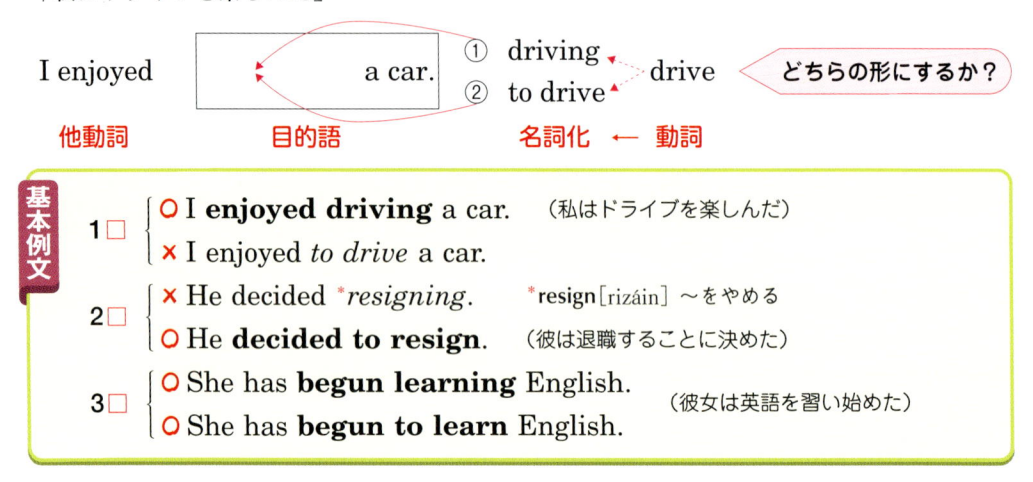

(1) 動名詞だけを目的語にする動詞

次の動詞は動名詞を目的語にし，不定詞を目的語にしない。（➡例文1の型）

enjoy	finish	avoid	deny	miss	escape	stop
〜し終える	〜をさける	〜を否定する	〜しそこなう	〜をまぬがれる	〜をやめる	

mind	consider	practice	give up	など
〜を気にする	〜を考える	〜を行う	〜をやめる	

Keiko **finished reading** the letter. （× finished *to read*）　*テストに出るぞ！*
（恵子は手紙を読み終えた）

(2) 不定詞だけを目的語にする動詞

おもに意図・決心・希望などを表す動詞で，動名詞を目的語にしない。（➡例文2の型）

decide	hope	wish	agree	offer	promise
〜を望む	〜したいと思う		〜に同意する	〜を申し出る	〜を約束する

expect	mean	pretend	refuse	learn
〜を予期する	〜するつもりだ	〜するふりをする	〜を拒否する	〜するようになる

I **hope to see** you soon. （× hope *seeing*）
（近いうちにお目にかかりたい）

(3) 動名詞・不定詞の両方を目的語にする動詞

次の動詞はどちらも目的語にすることができる。（➡例文3の型）

begin	start	continue	cease	intend	like	love
		〜し続ける	〜をやめる	〜を意図する		

It **started to snow**. [= It **started snowing**.]　（雪が降り始めた）

POWER UP

1 動名詞・不定詞両方を目的語にするが，意味が異なる動詞もある。

次の動詞は，動名詞を目的語にする場合と不定詞を目的語にする場合で表す意味が異なる。

remember / forget / try / need / want

(1) { **remember -ing**（〜したことを覚えている）↳ 過去のこと
　　　remember to 〜（忘れずに〜する）↳ 未来のこと

I **remember meeting** her at the party.
（パーティーで彼女に会ったことを覚えている）

I have to **remember to post** this letter.
（忘れずにこの手紙を投函しなければならない）

以前 〜ing ← 今 → 以後 to〜

(2) { **try -ing**（ためしに〜してみる）
　　　try to 〜（〜しようと努力する）

I **tried sending** her an e-mail.
（彼女にEメールを送ってみた）

I **tried to learn** French.
（フランス語を覚えようと努力した）

(3) { **need[want] -ing**（〜される必要がある）↳ 受動態の意味
　　　need[want] to〜（〜する必要がある）↳ 能動態の意味

Your hair **needs cutting**.
=Your hair needs to be cut.
（君は髪をカットしてもらう必要があるね）

I **need to press** my suit.
（スーツにアイロンをかける必要がある）

2 stop to 〜 って言えないの？
（➡p.90 (1) 参照）

もちろん言える。ただし，この場合の stop は自動詞で，あとの to 〜は目的語ではなく**副詞的用法**である。

I **stopped to talk** to him.
（私は彼に話しかけるために立ちどまった）

I **stopped talking** to him.
（私は彼に話しかけるのをやめた）

3 〈動名詞＋名詞〉（〜のための…）の形もある。

動名詞が名詞の前について形容詞的に用いられると，**目的**（〜のための）や**用途**（〜用の）を表す。

a **sleeping** bag（寝袋）
　[= a bag *for* sleeping]

a **waiting** room（待合室）
　[= a room *for* waiting]

THE CHECK

☐ ① Thank you for (　　　) me. は「手伝ってくれてありがとう」の意味を表す。　① → p.89
☐ ② I finished (　　　) the book. は「その本を読み終えた」の意味を表す。　② → p.90
☐ ③ remember -ing と remember to 〜 の意味をそれぞれ答えなさい。　③ → p.91

テスト直前 これだけは！ 練習問題にチャレンジ

Words & Idioms

A 日本文の意味を表す英文を完成しなさい。ただし，最初に与えられている語を動名詞にかえ，（ ）内の数の語を補って答えること。

(1) 働きすぎることは身体によくない。(2語)
　(Work　　　　　　　　　　　　) is bad for you.
(2) 父の趣味は花の写真を撮ることだ。(3語)
　Father's hobby is (take　　　　　　　　　　).
(3) 昔のことを君に話して楽しかった。(2語)
　I've enjoyed (talk　　　　　　　) about old times.
(4) 出かける前に必ずドアにかぎをかけなさい。(1語)
　Make sure to look the door before (go　　　　　).

(1)「〜しすぎる」
　〜 too much
(3)「〜と話す」
　talk to 〜
(4)「必ず〜する」
　make sure to 〜

B 次の文の（ ）内から適当な語句を選びなさい。

(1) I missed (watching, to watch) the program.
(2) Every hour we stopped (having, to have) a rest.
(3) She promised (showing, to show) me the picture.
(4) Do you mind (opening, to open) the window?
(5) Don't give up (studying, to study) abroad.

(2) have a rest
　ひと休みする
(5) study abroad
　留学する

C 次の英文を日本語になおしなさい。

(1) Sleeping well makes you look younger.

(2) One of the pleasures here is eating fresh fruits.

(3) I don't like staying in on Sundays. It's so boring.

(2) pleasure
　喜び
(3) stay in
　家にいる
　boring
　退屈な

D 次の文を，動名詞を用いて英語になおしなさい。

(1) 野鳥を観察することは大変興味深い。
　_____ is very interesting.
(2) 弟は水泳が得意です。
　My brother is _____.
(3) この町を訪れたことを決して忘れないでしょう。
　I will _____.

(1)「野鳥」
　wild bird
　「〜を観察する」
　watch
(2)「〜が得意である」
　be good at 〜
(3)「〜を忘れる」
　forget

PART1　基本編

考え方

(1) 動名詞を主語に用いる文。
(2) 動名詞を補語に用いる文。
(3) 動名詞を目的語に用いる文。**enjoy** は動名詞だけを目的語にする動詞。
(4) 動名詞が前置詞の目的語として用いられる場合。**before -ing** で「～する前に」。

---

(1) **miss** は動名詞を目的語にする動詞。
(2) 「～するために立ちどまった」と考えるのが自然だから **stop to ～**。
(3) **promise** は不定詞を目的語にする動詞。
(4) **mind** は動名詞を目的語にする動詞。
(5) **give up -ing** で「～することをあきらめる」。

いずれも〈動名詞＋語句〉をひとまとめに考えて意味をとること。
(1) 動名詞が主語の文。
(2) 動名詞が補語の文。
(3) あとの It = staying in (on Sundays)。

---

(1) 「野鳥を観察すること」が主語。
(2) 前置詞 **at** のあとは動名詞。
(3) 「～したことを忘れる」**forget -ing**，「～することを忘れる」**forget to ～** と区別すること。

答

(1) Working too much
(2) *taking* pictures of flowers
(3) *talking* to you
(4) *going* out

---

(1) watching
(2) to have
(3) to show
(4) opening
(5) studying

---

(1) よく眠ることはあなたをより若く見せる。
(2) ここでの楽しみの一つは新鮮な果物を食べることです。
(3) 日曜日は家にいたくない。とても退屈だ。

---

(1) Watching wild birds (is very interesting).
(2) (My brother is) good at swimming.
(3) (I will) never forget visiting this town.

12 分　詞 ⑴
動詞と形容詞の性質を分かち持つ詞(ことば)

イメージを描こう

先生：「かわいい女の子」を英語で言うと？
真穂：a pretty girl でしょ？
先生：そのとおり。では「歌っている女の子」は？
真穂：えーと…「歌う」は sing だから a sing girl ですか？
先生：sing は動詞だから，そのままの形では名詞(girl)を説明はできないんだ。
真穂：う〜ん，わかりません…
先生：では，答えを教えよう。sing に ing をつけて a singing girl とするんだ。
真穂：singing は動名詞と同じ形ですね。
先生：いいところに気がついたね。同じ形だけれど働きはちがうよ。動名詞は動詞と名詞の働きをしていたけれど，分詞は動詞と形容詞の働きをする。
真穂：まぎらわしいわ〜。
先生：混乱しないように，しっかり整理しようね。

名詞を修飾する -ing 形

　上の会話から，pretty と singing という2つの語はどちらも girl という名詞を修飾[くわしく説明]していることがわかります。ここに分詞(この例では singing ＝動詞の原形＋ing)がもつ特徴の一つがあります。

　動名詞と現在分詞は，形は同じですが，働きは全く異なります。この点はまぎらわしいのですが，働きに注目することで見分けがつきます(動名詞➡p.88)。文中で〈動詞の原形＋ing〉を見つけたら，どちらであるかを考えることが大切です。

分詞は動詞と形容詞両方の性質をもつ詞（ことば）なので，多くの働きをする。はじめに，分詞の用法をまとめておこう。

〈すでに学習した用法〉　　　　〈これから学習する用法〉

分　詞 ┃ 現在分詞 → ・進行形　　　　・名詞を修飾する限定用法の形容詞
　　　　┃ (-ing 形)　　　　　　　　　・補語になる叙述用法の形容詞
　　　　┃ 過去分詞 → ・受動態
　　　　┃　　　　　　 ・完了形　　　　・分詞構文をつくる（➡p.236）

なお，現在分詞・過去分詞の現在・過去という言葉は，時制の現在・過去とは関係がない。

1　分詞が名詞を修飾する用法

現在分詞・過去分詞は，形容詞として**直接名詞を修飾する**のに用いられる。

基本例文

1□ Look at that **sleeping** *baby*.
　（あの眠っている赤ちゃんをごらんなさい）
2□ The *baby* **sleeping** in the bed looked so well.
　（ベッドで眠っている赤ちゃんはとても元気に見えた）
3□ We should learn **spoken** *English* more.
　（もっと話されている英語を学ぶべきです）
4□ What is the *language* **spoken** in Brazil?
　（ブラジルで話されている言葉は何ですか）

(1) 分詞が名詞を直接修飾する場合，ふつう次の語順になる。

　① 分詞が1語だけのとき　　　　　　➡　分詞＋名詞　（例文1，3）
　② 分詞が目的語・補語・修飾語を伴うとき　➡　名詞＋分詞〜　（例文2，4）

(2) ┃ 現在分詞は「〜している，〜する」という**能動的**意味 ┃
　　 ┃ 過去分詞は「〜される，〜された」という**受動的**意味 ┃ になる。　　覚え得

a **running** *horse*　（走っている馬）
a *woman* **nodding** on the bench　[= a woman who is nodding 〜]
（ベンチで居眠りしている女性）

baked *cookies*　（焼かれたクッキー）
a *letter* **written** in French　[= a letter which is written in French]
（フランス語で書かれた手紙）

注意　自動詞の過去分詞は「**完了**」（〜した）の意味を表す。

fallen leaves　（落葉←落ちてしまった葉）

a **retired** policeman　（退職した警官）
→ a policeman who has retired　という意味。

12　分　詞(1)

2 分詞が補語になる用法

The dog kept **quiet**. （その犬は静かにしていた）
　S　V　　C=形容詞
The dog kept **barking**. （その犬はほえ続けた）
　S　V　　C=形容詞

上の2つの文で，quiet と barking はどちらも主語の The dog の状態を説明している。このように，分詞は形容詞と同じ働きをして**補語**になる。

基本例文

1□ The baby **kept crying** all night. （赤ちゃんは一晩中泣き続けた）
　　S　　　V　　　C

2□ He **looked disappointed** at the news.
　　S　　V　　　　C
　（彼はその知らせに失望しているように見えた）

3□ We **saw** some dolphins **swimming** in the sea.
　　S　V　　　　O　　　　　　C
　（私たちは海でイルカが泳いでいるのを見た）

4□ You should **keep** your dog **tied** to the gate.
　　S　　　　V　　　　O　　　C
　（犬を門につないでおかなければいけません）

1 〈S+V+C[=分詞]〉

現在分詞・過去分詞は，主語の動作・状態を説明する補語になる（例文1，2）。

(1)　S + V + C [=現在分詞]　「〜して」「〜しながら」　➡　**能動的**意味
　　　↳ go, come, sit, stand, lie, keep など

(2)　S + V + C [=過去分詞]　「〜されて」　➡　**受動的**意味
　　　↳ look, seem, feel, sit, lie, remain など

The two girls **came running** to me. （2人の少女が私のところへかけて来た）

The old man **sat surrounded** by his grandchildren.
（その老人は孫たちに囲まれてすわっていた）

2 〈S+V+O+C[=分詞]〉

現在分詞・過去分詞は，目的語の動作・状態を説明する補語になる（例文3，4）。

（例文3）→ Some dolphins were swimming in the sea.
　　　　　　　　　　　進行形→能動の意味（〜している）

（例文4）→ Your dog is tied to the gate.
　　　　　　　　受動態→受動の意味（〜されている）

という関係が成り立っていることに着目。O が分詞の意味上の主語になり，〈O＋分詞〉の意味が能動的なら現在分詞，受動的なら過去分詞が用いられている点に注意しよう。

この文型に用いられる動詞は，おもに**知覚動詞・使役動詞**である。

(1) S + V + O + C [＝現在分詞]　「～が…しているのを見る[聞く，など]」
　　　　　　　　　　　　　　　　「～に…させておく」
(2) S + V + O + C [＝過去分詞]　「～が…されるのを見る[聞く，など]」
　　　　　　　　　　　　　　　　「～を…してもらう[…させる]」

I am sorry to have **kept** you **waiting** so long.
（長らくお待たせして申し訳ありません）

Jack **heard** his name **called** from behind.
（ジャックは自分の名前が後ろから呼ばれるのが聞こえた）

> 補語に現在分詞がきたら能動的に訳し，過去分詞がきたら受動的に訳すのね。

POWER UP

1 〈have[get]＋O＋過去分詞〉は使役・受動を表す。

(1) 使役（〔物を〕～させる，～してもらう）
　He **hád**〔**gót**〕a decayed tooth **pulled** off.
　　（彼は虫歯を抜いてもらった）
　＊この意味では have［get］を強く読む。

(2) 受動（〔物を〕～される）
　I **had** my hat **blówn** off.
　　（私は帽子を吹きとばされた）
　＊この意味では過去分詞を強く読む。

　p.226で学ぶ〈have＋O＋原形不定詞〉との違いに注意。原形不定詞の場合，O に「人」を表す語が来て，「〔人に〕～させる，～してもらう」の意味になる。
　I **had** *her* **write** to him.
　　（私は彼女に彼あての手紙を書かせた）

2 〈There is[are]＋S＋分詞〉の形もある。

There are a lot of children **swimming** in the pool.
（プールでたくさんの子供が泳いでいる）

There was a big tree **blown** down by the typhoon.
（大木が台風で吹き倒されていた）

3 動名詞と現在分詞の違いをまとめておこう。

形はどちらも同じ

	動　名　詞	現 在 分 詞
意味	～すること	～している
働き	名詞の働き S, O, C になる	形容詞の働き 名詞を修飾，補語

THE CHECK

□ ① 分詞は(　　　)を修飾する働きと(　　　)になる働きをする。　　① → p.95
□ ② 〈名詞＋分詞～〉の語順になるのはどのような場合ですか。　　　② → p.95
□ ③ 現在分詞と過去分詞では表す意味にどのような違いがありますか。　③ → p.95

テスト直前 これだけは！ 練習問題にチャレンジ

Words & Idioms

A 日本文の意味を表すように，空所に適当な1語を入れなさい。

(1) 走っているキリンを見てごらん。
　　Look at the (　　　) giraffe.
(2) 向こうで絵を描いている女の子はだれですか。
　　Who is the girl (　　　) over there?
(3) 彼は Little Kyoto として知られている町に住んでいる。
　　He lives in the city (　　　) as Little Kyoto.
(4) 部屋の中で電話が鳴っているのが聞こえた。
　　I heard the telephone (　　　) in the room.

(1) *giraffe* [dʒiræf]
　　キリン
(2) *over there*
　　向こうで
(3) *as*
　　〜として

B 次の文の(　)内の動詞を，適当な分詞にかえなさい。

(1) The children walked (talk) loudly.
(2) We saw hills (cover) with cherry blossoms.
(3) He was pleased with a (decorate) Christmas tree.
(4) Did you hear your name (call)?

(2) *blossom* （果樹の）花
(3) *be pleased with 〜*
　　〜が気に入っている
　　decorate 〜を飾る

C 次の英文を日本語になおしなさい。

(1) Don't keep that man waiting for a long time.

(2) He had dinner cooked by his sister that night.

(3) Can you make yourself understood in French?

(1) *for a long time*
　　長い間
(3) *in French*
　　フランス語で

D 日本文に合うように，(　)内の語句を並べかえなさい。

(1) 戸口で私を出迎えた人は彼の息子だった。
　　(greeting / his son / was / at the door / the man / me).
(2) 私はその動物たちがとても残酷に扱われるのを見た。
　　(very / I / the animals / cruelly / treated / saw).

(1) *greet* 〜を迎える
(2) *cruelly*
　　残酷に
　　treat
　　〜を扱う

Check your Answers, OK?

考え方

(1) 「〜している」だから**現在分詞**を入れる。
(2) 現在分詞。painting over there 全体で前の girl を修飾している。
(3) 「〜されている」だから**過去分詞**を入れる。known as Little Kyoto で前の city を修飾する。
(4) 「〜している」だから**現在分詞**。〈S＋V＋O＋C〉の文型である。

答

(1) running
(2) painting [drawing]
(3) known
(4) ringing

---

(1) 「子供たちは大声で話しながら歩いた」の意味。
(2) 「私たちは丘がサクラの花でおおわれているのを見た」
(3) 「彼は飾られたクリスマスツリーが気に入っていた」
(4) 「君の名前が呼ばれるのが聞こえましたか」の意味で,「〜が呼ばれる」だから過去分詞。

(1) talking
(2) covered
(3) decorated
(4) called

---

(1) **keep 〜 waiting** で「〜を待たせ続ける」の意味。
(2) 〈**have＋目的語＋過去分詞**〉で「〔目的語〕を〜してもらう」の意味。
(3) **make oneself understood** で「自分の言うことをわからせる,人に意志を伝える」の意味。

(1) あの男性を長い間待たせてはいけない。
(2) 彼はその夜夕食を姉[妹]に作ってもらった。
(3) あなたはフランス語で用が足せますか〔あなたの言うことを理解してもらえますか〕。

---

(1) 「戸口で私を出迎えた人」を,〈名詞＋現在分詞〜〉の形で表す。
(2) 「〜が…されるのを見る」だから,〈S＋see＋O＋C〔過去分詞〕〉の形。

(1) The man greeting me at the door was his son.
(2) I saw the animals treated very cruelly.

13 名詞(1)

「数えられる」か「数えられない」かがポイントだ

イメージを描こう

(アメリカの喫茶店で)
ウエイター：May I help you?
卓也：Oh, yes. Two coffees, please.
ウエイター：Yes, sir.
　　　　　　Just a moment, please.
(ウエイターが去ったあとで)
健一：卓也，さっきの英語は間違っているんじゃない？
卓也：どうして？
健一：だって，伊藤先生に習っただろ。数えられない名詞には，冠詞の a や an，複数の s や es をつけてはいけないって。コーヒーは物質名詞で数えられない名詞だろ？
卓也：いや，この場合はいいんだよ。
健一：どうして？ この場合は two cups of coffee と言うはずだけど。
卓也：そんなに堅苦しく考えると，会話はできないよ。いいかい。

a) I like coffee.
b) Two coffees, please.
の２つのコーヒーは違うんだ。確かに，a)のコーヒーは物質名詞で数えられない。でも，b)のコーヒーは，普通名詞として使ったもので数えられるんだ。

健一：そんな！
卓也：ほら見ろよ，ちゃんと英語が通じてコーヒーを２つ持って来てくれるじゃないか。

数えられるか，数えられないか

(1) 数えられる名詞
　　　（単　数）　　　　　（複　数）
　　　a[an] ☐　　　　　　☐ -s[es]

(2) 数えられない名詞
　　　（単　数）　　　　　（複　数）
　　　　☐　　　　　　　　　／

ネコの肉が好きだ!?

　このルールを無視して，例えば「私はネコが好きだ」というつもりで，I like cat. なんて言うと，「私はネコの肉が好きだ」という異常な意味にもなりかねません。どう言えばよいかわかるかな？

1　名詞には5種類ある

名詞は数えられるかどうかでまず2種類に分類され，さらにそれが表す意味で5種類に分けられる。ただし，名詞の種類は固定的なものではなく，分類しにくいものもある（→p.242）。

名詞の種類		性質・特徴	例
数えられる名詞	普通名詞	同じ種類の人や事物に共通の名称	book（本），girl（少女），animal（動物），tree（木）
	集合名詞	同じ種類の人や事物の集合体を表す名詞	family（家族），crowd（群衆），class（クラス），police（警察）
数えられない名詞	固有名詞	人・物・場所などに固有の名を表す名詞	Tom（トム），Japan（日本），July（7月），Mars（火星）
	物質名詞	物質や材料の名を表す名詞	coffee（コーヒー），air（空気），bread（パン），paper（紙）
	抽象名詞	性質・状態など抽象的な概念を表す名詞	peace（平和），health（健康），success（成功），love（愛情）

数えられる名詞 VS 数えられない名詞

◀数えられる名詞▶　　　　　　　　　　　　　◀数えられない名詞▶

① 単数形と複数形がある。　　　⟷　①' 複数形がない。

　This **book** is mine. 〈単数形〉　　　Give me some **milk**, please.
　（この本は私のです）　　　　　　　　　（牛乳をください）　　（✕ milks）

　These **books** are mine. 〈複数形〉
　（これらの本は私のです）

----

② 単数形には不定冠詞の a[an] をつける。　⟷　②' 不定冠詞の a[an] をつけない。

　She had **an accident** at work.　　　　What **fun**!　（✕ *a* fun）
　（彼女は仕事中に事故にあった）　　　　　（なんと楽しいこと）

> **Q** 数えられない名詞には不定冠詞の a[an] をつけませんが，定冠詞の the はつけていいのですか。
>
> **A** 唯一のものや，形容詞や of ～などの修飾語句がついて，意味が限定されるような場合は the をつけて用います。
>
> 　**the** *universe*（宇宙）　　**the** *floating* ice（流氷）
> 　**the** peace *of the world*（世界の平和）

2 名詞の複数形——規則変化と不規則変化

基本例文

1. ☐ Give them two **toothbrushes** and two **towels**.
   (彼らに歯ブラシ2本とタオル2本をわたしてあげなさい)
2. ☐ The **children** are going to brush their **teeth**.
   (子供たちはこれから歯をみがきます)
3. ☐ A few **passers-by** saw the accident.
   (数人の通行人がその事故を見た)

1 規則変化

単数形の語尾に -s, -es をつけて複数形をつくる(例文 1)。

単数形の語尾	つくり方	語 例
① ふつうの形	+s	desks, cars, dogs, pens, towels
② s, ss, o, x, sh, ch	+es	buses, glasses, potatoes, boxes, toothbrushes, benches
③ f, fe	語尾の f, fe を v にかえて +es	wolf → wolves, leaf → leaves, knife → knives
④ 子音字 + y	語尾の y を i にかえて +es	baby → babies, city → cities, family → families

注意 -s, -es のつけ方の基本は上の通りだが、②と③には例外がある。

(1) ch を [k] と発音する語は -s をつける。
 stomachs [stʌ́məks](胃, 腹)
(2) 〈子音字+o〉で終わる語の一部と〈母音字+o〉で終わる語は -s をつける。
 pianos, photos 〈子音字+o〉
 radios, zoos   〈母音字+o〉
(3) f, fe で終わる語で -s をつけるものがある。
 roofs (屋根), safes (金庫), chiefs (長)

s, es の発音 ——[s] [z] [iz] の3通りある。

(1) [s] と発音 —— 無声音(息だけの音)のあと
 desks [désks], cups [kʌ́ps], roofs [rúːfs]
(2) [z] と発音 —— 有声音(声を伴う音)のあと
 dogs [dɔ́ːgz], cars [káːrz], pens [pénz]
(3) [iz] と発音 —— [s] [z] [ʃ] [ʒ] [tʃ] [dʒ] の音のあと
 buses [bʌ́siz], roses [róuziz], dishes [díʃiz]

2 不規則変化

いろいろな語形があるが，整理すると次のように分類できる（例文 2）。

(1) **母音がかわる**もの

man → **men**, woman → **women** [wímin], tooth → **teeth**,
foot → **feet**, mouse（ネズミ）→ **mice** [máis]

(2) **語尾に -en, -ren をつける**もの

ox（雄牛）→ **oxen**, child → **children** [tʃíldrən]

(3) **単数・複数が同形**のもの

sheep（羊）, deer（鹿）, salmon（サケ）, Japanese（日本人）

▲ 1頭でも deer, 4頭でも deer

(4) **外来語**の複数形

datum [déitəm]（資料）→ **data** [déitə], crisis [kráisis]（危機）→ **crises** [kráisiːz]
phenomenon [finámənàn]（現象）→ **phenomena** [finámənə]

POWER UP

1 複合名詞の複数形のつくり方に注意しよう。

(1) 複合語では主要語を複数形にする（例文 3）。
passer**s**-by（通行人）
father**s**-in-law（義父）

(2) man, woman のつく複合語は両方の語を複数形にする。
men drivers（男性ドライバー）
women doctors（女医）

2 数字や文字などの複数形は，原則として -'s をつける。

five 5's（五つの 5）, the 1980's（1980年代）
You use too many **and's**.
（君は and という語を多く使いすぎる）

3 常に複数形で用いられる名詞もある。

(1) 衣類・器具の名
trousers（ズボン）, glasses（めがね）
clothes（着物）, scissors（はさみ）
compasses（〔製図用の〕コンパス）

(2) 学問の名
mathematics（数学）, physics（物理学）

4 単数と複数で意味の違う名詞がある。

advice（忠告）── advices（通知）
pain（苦痛）── pains（骨折り）
water（水）── waters（近海）

THE CHECK

- ① 名詞を表す意味によって 5 つに分けなさい。　① → p.101
- ② 数えられない名詞の特徴を 2 つあげなさい。　② → p.101
- ③ 語尾の s, es の 3 通りの発音を説明しなさい。　③ → p.102

テスト直前 これだけは！ 練習問題にチャレンジ

Words & Idioms

A 次の文の誤りに下線を引き，訂正しなさい。
(1) He is tennis player.
(2) She likes breads better than rice.
(3) Look at those flower over there.
(4) We should show goodwills toward them.
(5) This a TV drama is very interesting.
(6) Mathematics are my favorite subject.

(4) *goodwill* 好意
(6) *favorite* いちばん好きな
subject 科目

B 文中の数えられる名詞を複数形にし，全文を書きかえなさい。
(1) She makes a cake with flour, milk and an egg.

(2) That sheep is from Australia.

(3) A salmon lays its eggs in fresh water.

(4) A child needs love.

(1) *flour* [fláuər] 小麦粉
(3) *salmon* [sǽmən] サケ
lay (卵)を産む

C 次の名詞の複数形を書きなさい。
(1) wife (　　　)　(2) story (　　　)
(3) radio (　　　)　(4) goose (　　　)
(5) Japanese (　　　)　(6) basis (　　　)
(7) belief (　　　)　(8) journey (　　　)
(9) sister-in-law (　　　　　)
(10) man cook (　　　　　)

(4) *goose* ガチョウ
(6) *basis* 基礎
(7) *belief* 信念
(9) *sister-in-law* 義理の姉[妹]

D 日本文の意味を表すように，空所に適当な1語を入れなさい。
(1) 見物人は警察に追い払われた。
　The (　　　) were sent away by the (　　　).
(2) オオカミは犬と同じ種に属する。
　(　　　) and (　　　) belong to the same (　　　).
(3) これらの事故は1960年代後半に起こった。
　These (　　　) happened in the late (　　　).

(1) 「見物人」 *looker-on*
send away 〜を追い払う
(2) 「(生物の)種」 *species*
(3) *late* 後半の

Check your Answers, OK?

考え方

(1) player は数えられる普通名詞で単数。
(2) bread は数えられない物質名詞。
(3) flower は数えられる普通名詞。前に those がついているから複数形にする。
(4) goodwill は数えられない抽象名詞。
(5) **this** と **a** を重ねて使うことはできない。
(6) mathematics は学問の名で，常に単数扱い。

---

(1) flour, milk は物質名詞だからそのままの形でよい。
(2) That → Those の変化に注意。**sheep** は単数・複数が同形。
(3) **salmon** は単数・複数が同形。its → their の変化に注意する。water は物質名詞だからそのままの形でよい。
(4) love は抽象名詞だからそのまま。

---

(3) radio は〈母音字＋o〉の語だから -s をつける。
(4) goose は母音が変わる不規則変化の語。
(6) basis は外来語。basis → bases と変化。
(7) belief は f で終わるがそのまま -s をつける。
(8) journey は語尾が〈子音字＋y〉ではない。
(9) 主要語を複数形にする。
(10) **man** のつく複合語は両方の語を複数形にする。

---

(1) 動詞が were だから，主語は複合名詞 looker-on の複数形を用いる。**police**（警察）は集合名詞。
(2) wolf（オオカミ）の複数形に注意。**species**（種）は単数・複数が同形の名詞。
(3) 「1960年代後半に」→「後半の1960年代に」と考える。

答

(1) <u>tennis player</u>
   → a tennis player
(2) <u>breads</u> → bread
(3) <u>flower</u> → flowers
(4) <u>goodwills</u> → goodwill
(5) <u>This a TV drama</u> → This TV drama
(6) <u>are</u> → is

---

(1) She makes cakes with flour, milk and eggs.
(2) Those sheep are from Australia.
(3) Salmon lay their eggs in fresh water.
(4) Children need love.

---

(1) wives   (2) stories
(3) radios   (4) geese
(5) Japanese   (6) bases
(7) beliefs   (8) journeys
(9) sisters-in-law
(10) men cooks

---

(1) lookers-on, police
(2) Wolves, dogs, species
(3) accidents, 1960's

13 名詞 (1) 105

14 代名詞(1)
「好きやねん」VS「ぼくは君が好きだよ」

物知り君：「言葉は自分の思っていることを人に伝える」

すなお君：「うん」

物知り君：「おまえがT子が好きやということを俺は知っとる」

すなお君：「うん」

物知り君：「星のきれいな夜に2人で散歩しとると思え。おまえT子にどういう？『ぼくはあなたが好きです』と言うか」

すなお君：「まさか」

物知り君：「そしたらどう言う？」

すなお君：「そりゃ『好きや』とか『好きやねん』とか…」

物知り君：「そこや。日本語はそれでええ。ところが英語はそれでは困る。まさか "Love" なんて言われへん。"I love you." と言わんならん。I（私が）love（愛する）you（あなたを）ときちんと言わんとあかん」

すなお君：「言い方の順番も違うんやな」

物知り君：「それはこの際おいといても、とにかくI（主語）とyou（目的語）が要るんや。代名詞いうヤツよ」

すなお君：「英語って、えらい大層なんやな」

物知り君：「そのかわり簡単なこともある。『私』でも『俺』でも『ぼく』でもみなIやし、『君』でも『お前』でも『あなた』でもみなyouや。かの有名な『源氏物語』のなかで『宮は大殿籠り給ひぬ』と書いてあるのでも、サイデンステッカーという人の英訳をみると "He slept." でしまいやな」

すなお君：「なるほど。そんなら『奴は寝てまいよった』と訳してもええんやな」

物知り君：「……」

1　英語では必ず人称代名詞を示す

① 「辞書をあげたのに彼は失った」
② 「暗くなってきたから帰ろうか」

　上の文は日本語としてはごく当たり前のものだ。つまり，日本語ではわかっている主語や目的語はわざわざ言わなくてもよい。ところが，英語ではそれらをすべて言わなければならない。だから，代名詞を使う頻度は英語の方がずっと多いのである。

　上の日本文を英語で表すと

① **I** gave **him** a dictionary, but **he** lost **it**.
② **It** is getting dark.　Shall **we** go home?

　さて，上の文の I, him, he, it, we などを**人称代名詞**という。日本語では「私が」「私の」「私を」と格助詞をつけて他の語との関係を示すが，**英語では代名詞自体が変化する**。次の表でその変化を確認しておこう。

単　　数				複　　数			
主　格	所有格	目的格	所有代名詞	主　格	所有格	目的格	所有代名詞
〜は，が	〜の	〜を，に	〜のもの	〜は，が	〜の	〜を，に	〜のもの
I	my	me	mine	we	our	us	ours
you	your	you	yours	you	your	you	yours
he	his	him	his	they	their	them	theirs
she	her	her	hers				
it	its	it	———				

「〜のもの」の使い方——所有代名詞

　「この時計は私のもの（私の時計）です」と言うとき，
　This watch is my watch. という watch のくり返しをさけて，
　This watch is **mine**.　とする。上の表の所有代名詞を見て，それぞれの人称で用いられる所有代名詞の形を確認しておこう。
　　　　　　= my watch

　Their school and **ours** are sister schools.
　　　　　　　　　　= our school
　（彼らの学校と私たちの学校は姉妹校です）

　That bag is **his**.　（あのかばんは彼のものです）
　　　　　　= his bag

注意 a friend of mine の形

「私の友人の 1 人」と言うとき，a my friend とか my a friend とは言えない。所有代名詞を用いて **a friend of mine** という。同様に，「私の父の友人」なら **a friend of my father's** となる。（➡p.245）

> **it の特別用法**

it は一度出た名詞を受ける用法のほかに，天候・時間・距離などを表す文の主語として用いられる。**この it には「それ」の意味がなく，日本語に訳さない。**

基本例文

1. **It** was raining *on and off yesterday.　〈天　候〉
  （きのうは雨が降ったりやんだりしていた）*on and off 断続的に
2. **It** is a long time since I saw you last.　（久しぶりですね）〈時　間〉
3. **It** is two miles from here to the airport.　〈距　離〉
  （ここから空港までは2マイルです）

次の it も同じ用法である。
　It is getting dark.　（暗くなってきている）　　　　　　　　〈明　暗〉
　It was very hot yesterday.　（きのうはとても暑かった）　　〈寒　暖〉
it はまた，周囲の漠然とした状況を表す。この it も日本語には訳さない。
　How is **it** going with you?　（ごきげんいかがですか）
　It's all over with him.　（彼はもうだめだ）

2　-self（再帰代名詞）の用法

-self[-selves]（～自身）という形には次の8つがある。

	〈単数形(-self)〉	〈複数形(-selves)〉
(1人称)	**myself**	**ourselves**
(2人称)	**yourself**	**yourselves**
(3人称)	**himself, herself, itself**	**themselves**　*＿＿線の語のつづりに注意

基本例文

1. Did you enjoy **yourself** at the party?
  （パーティーは楽しかったですか）
2. I want to speak to the manager **himself**.
  （私は支配人自身と話をしたい）

(1) **他動詞（または前置詞）の目的語が主語自身である場合**に用いる（例文1）。
　A good idea presented **itself**.　（いい考えが浮かんだ）
　Please take care of **yourself**.　（どうぞお体をお大事に）➡前置詞の目的語
(2) **主語，目的語，補語を強める**（例文2）。「～自身」「みずから」の意味。
　Do it **yourself**.　（それを自分でやりなさい）
　She told me so **herself**.　（彼女が自分で私にそう言ったのです）

POWER UP

1 訳さない we, you, they ——「一般の人」を表す場合

we, you, they がばくぜんと人々一般を表すことがある。次のように使い分ける。

- **we** ……… 自分を含む人一般
- **you** …… 話す相手を含む人一般
- **they** …… 自分と話す相手を含まない人一般

We should not lose anything borrowed.
（借りたものはなくさないようにすべきだ）

You must keep your nails clean.
（爪はきれいに切っておくべきだ）

They say that she will marry Tom.
（彼女はトムと結婚するそうだ）

They [People] say that ~. は It is said that ~ と同じで,「~だそうだ」の意味。

2 -self を含む慣用表現を覚えよう

by oneself	①ひとりで ②独力で
for oneself	自分で, 独力で
in oneself	それ自体は, 本来は
to oneself	ひとりじめに, 独占して
beside oneself	我を忘れて

You can't play tennis **by yourself**.
（テニスはひとりではできない）

Making money is not evil **in itself**.
（金もうけその事自体は悪ではない）

He has that large room **to himself**.
（彼はあの広い部屋をひとりじめにしている）

3 this, that の注意すべき用法

- this（複数形 these）は比較的近いもの
- that（複数形 those）は比較的遠いもの

をさすが，それ以外に注意すべき用法がある。

(1) 名詞のくり返しをさける **that [those]**

The air in the hills is cooler than **that** on the plains. 〈that = the air〉
（山地の空気は平野の空気より涼しい）

Her eyes are like **those** of a cat.
〈those = the eyes〉
（彼女の目はまるで猫の目のようだ）

(2) 前の文全体の内容をさす **this, that**

He has apologized; **this** shows that he is sorry. （彼はあやまった。このことは，彼がすまないと思っているということだ）

Q 人称代名詞の語順は？

A 人称代名詞を2つ以上並べて用いる場合は，ふつう〈2人称 →3人称 →1人称〉の順にして，1人称をあとにまわします。

You, she and **I** are friends. （あなたと彼女と私は友達です）

THE CHECK

- □ ① I, you, he, she それぞれの所有代名詞の形を答えなさい。 ① → p.107
- □ ② 「彼の友人の1人」は英語でどう言いますか。 ② → p.107
- □ ③ I, he, she, we, they それぞれの再帰代名詞の形を答えなさい。 ③ → p.108

テスト直前 これだけは！ 練習問題にチャレンジ

Words & Idioms

A 次の文の( )内から正しい語を選びなさい。

(1) This is not (I, me, my) bike. It's (her, hers, she).
(2) I bought (he, his, him) a new sweater yesterday.
(3) A friend of (I, me, mine) gave (I, my, me) a CD.
(4) His cell phone is not the same as (me, mine, my).
(5) Do (we, you, they) sell cameras at that store?
(6) Hello! (This, That, She) is Tomoko speaking.

(2) *sweater* [swétər]
セーター

B 次の文の空所に適当な再帰代名詞(-self の形)を入れ，その文を日本語になおしなさい。

(1) How did you enjoy ( ) last Sunday?

(2) Please help ( ) to the fruit.

(3) The actor ( ) wrote the letter.

(3) *actor* [ǽktər]
（男の）俳優

C 日本文の意味を表すように，空所に適当な1語を入れなさい。

(1) 自分の部屋は自分でそうじをしなさい。
　　Clean your room ( )( ).
(2) カリフォルニアではオレンジを栽培している。
　　( ) grow oranges ( ) California.
(3) 今年の流行は去年のとは違う。
　　This year's fashions are different from ( )
　　( ) last year.

(2) *Califórnia*
カリフォルニア
(3) *fashion*
流行
be different from ～
～と異なる

D 次の文を英語になおしなさい。

(1) きのうの午後はとても寒かった。

(2) 大阪の人口は京都よりも多い。

(3) 年配の人には親切にしなければならない。

(2) 「人口」
population
「多い」
large
(3) 「年配の人」
elderly people

Check your Answers, OK?

考え方

(1) hers = her bike
(2) 動詞のあとは目的格が来る。
(3) 「私の友人のひとり」のいい方。
(4) 「彼の携帯電話は私のと同じではない」の意味。mine = my cell phone
(5) 「あの店では」と，第3者の一般の人を表す形。
(6) 電話での慣用表現。「もしもし，こちら知子です」の意味。

---

(1) **enjoy oneself** で「楽しむ」の意味。
(2) **help oneself to ～** で「～を自由にとって食べる[飲む]」の意味。**Please help yourself.** だけでも「ご自由にどうぞ」の意味で使われる。
(3) 「～自身で，みずから」と意味を強める用法。

---

(1) 「自分で，独力で」**for [by] oneself**
(2) 「一般の人(第3者)」を表す用法。
(3) are different from the <u>fashions of</u> last year ということ。同じ語のくり返しをさける that の複数形の those を使う。

---

(1) 「寒暖」を表す it を主語にする。
(2) 「京都よりも」→「京都の人口よりも」と考える。くり返しをさける that を用いる。
(3) 主語は「一般の人」を指す **we**。「～に親切にする」は be kind to ～。

答

(1) my, hers
(2) him
(3) mine, me
(4) mine
(5) they
(6) This

---

(1) yourself
この前の日曜日は楽しかったですか。[どのように楽しみましたか。]
(2) yourself
果物をご自由に召しあがってください。
(3) himself
俳優みずからがその手紙を書いた。

---

(1) for [by], yourself
(2) They, in
(3) those, of

---

(1) It was very cold yesterday afternoon.
(2) The population of Osaka is larger than that of Kyoto.
(3) We should be kind to elderly people.

Tea Time カタカナ英語・和製英語

日本には「これ英語かな？」と思うようなカタカナ語があふれています。これらの中には「和製英語」と言って，ネイティブは使わない［通じない］言葉や，英語の本来の意味とは異なる意味で用いられているものもたくさんあります。

次の語はいずれもその例です。英語では正しくは何と言うでしょうか。

① シュークリーム

② ソフトクリーム

③ アルバイト

④ サラリーマン

⑤ バイキング

⑥ ハンドル

⑦ ガソリンスタンド

⑧ ホッチキス

⑨ ボールペン

⑩ コンセント

⑪ アフターサービス

⑫ モーニングサービス

① cream puff

「シュークリーム」はフランス語のシュ(chou)と英語のクリーム(cream)が合成された和製外来語。英語ではクリーム入りのふっくらしたという意味で「クリームパフ」と言う。

② soft ice cream, soft-serviced ice cream

英語では，冷たいクリームが固まっていないことからこのように言う。
英語で「ソフトクリーム」と言うと，「単にやわらかいクリーム」のことになる。

③ part-time job, part-time work

アルバイトは英語ではなく，ドイツ語の「労働」Albeit に由来する語。

④ salaried worker, office worker

salaryは「給料」の意味だが，正しくは「給料をもらっている労働者」salaried worker または具体的な職業名を使うのがふつう。ただし，最近はもともと和製英語の salaryman が英単語として浸透しつつある。

⑤ buffet, All You Can Eat, smorgasbord

英語の Viking は 8 世紀から11世紀のスカンジナビア人の海賊のこと。「セルフ形式の食べ放題」は All You Can Eat または buffet と呼ばれる。ヨーロッパの一部では smorgasbord とも呼ばれる。

⑥ steering wheel

英語のhandleは名詞で「取っ手，ドアノブ」，動詞で「対処する，処理する」という意味で，乗り物の舵取り装置の操作部という意味はない。

⑦ gas station, filling station, petrol station

ガソリンは英語では gas(米)または petrol(英)と言う。それに station を合わせてアメリカでは gas station(filling stationとも言う)，イギリスでは petrol station と言う。

⑧ stapler

「ホッチキス」という日本名は，この製品を発明した Hotchkiss 氏の名前から来ている。

⑨ ball-point pen, ball point

point には「先，先端」という意味がある。

⑩ (electrical) outlet, socket

英語の consent は「同意，承諾」という意味で，電気とは何の関係もない。「出口，流出口」の意味である outlet を用いる。

⑪ after-sale service, customer service

アフターサービスは「製品を買った後の修理や保障」の意味の和製英語。

⑫ 該当なし

日本の飲食店が朝の時間帯の特定のメニューを朝食として低価格で提供するサービスのことで，典型的な和製英語。ホテルの「モーニングコール」も同様で，英語では wake-up call と言う。

Tea time

15 形容詞
部屋のインテリア

イメージを描こう

《A》
卓也：昨日，大輔の家へ遊びに行ったよ。
健一：あいつ，引っ越したんだよな。
卓也：ああ。自分の部屋があるんだ。
健一：どんな？
卓也：とにかく，広い。
健一：へーえ。見たいな。

《B》
卓也：大輔の家へ遊びに行ったよ。
建一：新しい家だってね。
卓也：うん。自分の部屋があるんだ。
建一：どんな部屋？
卓也：とにかく広い。グリーンのカーテン。薄紫色のカーペット。柔らかいソファー。大きなテーブル。それに，他にもまだある。
建一：何が？
卓也：ホームシアター専用の部屋，ソーラーパネルによる自家発電装置。すごいよ。
建一：見てみたいな。

形容詞が（代）名詞を生かす！

《A》も《B》も大輔君の部屋の説明です。

《A》の説明では，大輔君の部屋が広いということしかわかりません。

《B》では，卓也が部屋のインテリアをくわしく話しているので，イメージが具体的になります。

形容詞をむずかしく考えないで，部屋を個性的にするインテリアのようなものだと思いましょう。《B》の対話では，インテリア＝形容詞が，部屋＝名詞を飾っています。しかも部屋の状態をもっとくわしく説明するために，そのインテリア＝形容詞を名詞の前につけて，グリーンの→カーテン，柔らかい→ソファー，大きな→テーブル，専用の→部屋などという使い方もしています。日本語と英語では，言葉の仕組み，文法が異なりますが，英語的な発想で考えてみましょう。

対話文の中にある＿＿＿＿の言葉は形容詞で，＿＿＿＿の名詞を説明［修飾］しています。また＿＿＿＿の部分も形容詞ですが，あとに名詞はありません。これは英語には形容詞の使い方が2種類あることを示しているのです。さあ，形容詞の勉強を続けましょう。

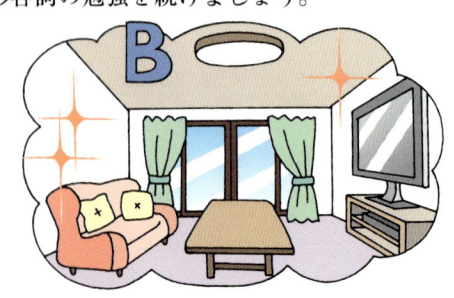

1 形容詞には2つの用法がある

形容詞には，名詞・代名詞を直接修飾する「**限定用法**」（左ページ＿＿のところにくる用法）と補語として主語や目的語を修飾する「**叙述用法**」（左ページの＿＿のところにくる用法）がある。

> **基本例文**
> 1. □ George bought a **new** *car*.　（ジョージは新車を買った）　〈名詞を直接修飾〉
> 2. □ My sister looks **happy**.　（妹はうれしそうだ）　〈主語を説明〉
>   （S is C）
> 3. □ They found the plan **impossible**.　〈目的語を説明〉
>   （O is C）
>   （彼らはその計画が不可能だ）

1 限定用法

形容詞が名詞，代名詞を直接修飾する用法（例文 1）。
ふつう〈形容詞＋名詞〉の語順だが，次の場合は形容詞が名詞のあとに置かれる。

(1) 形容詞が語句を伴って長くなっている場合

There was a *box* **full** of apples.
（りんごがいっぱい入った箱があった）

(2) **-thing** で終わる代名詞を修飾する場合

Is there *anything* **wrong** with your car?
（あなたの車はどこか故障しているのですか）

something **new**　（何か新しいもの〔こと〕）

(3) 慣用句

things **Japanese**（日本の風物），people **concerned**（関係者）など

> 形容詞が後ろから（代）名詞を修飾することもあるんだね。

2 叙述用法

形容詞が補語として用いられる用法。主語を説明する場合と目的語を説明する場合がある。

(1) 主語を説明する場合　（例文 2）

〈S＋V＋C〉の文型で，Cの形容詞がSの性質・状態を説明する（➡p.34）。

This magazine was very **interesting**.　（この雑誌はとてもおもしろかった）

(2) 目的語を説明する場合　（例文 3）

〈S＋V＋O＋C〉の文型で，Cの形容詞がOの性質・状態を説明する（➡p.36）。

I found this magazine very **interesting**.
（私はこの雑誌がとてもおもしろいとわかった）

2 数・量を表す形容詞に注意

形容詞はふつう次の4種類に分けられる。

① 性質・状態を表す形容詞	good, new, kind, heavy, interesting など
② 数量・程度を表す形容詞	many, much, some, any, few, little など
③ 個数や順序を表す形容詞(数詞)	one, two, first, second など(➡p.118)
④ 固有名詞から派生した形容詞	Japanese, American, European など

数量・程度を表す形容詞のうち many と much, (a) few と (a) little の用法の区別を覚えよう。

基本例文
1. □ **Many** *people* went abroad last year. （たくさんの人が昨年外国へ行った）
2. □ There is **much** *water* in the river. （その川には水がたくさんある）
3. □ I've made **a few** *mistakes*. （私は少し間違いをした）
4. □ There is **a little** wine in the bottle. （ビンの中にワインが少しある）

1 many と much

どちらも「多くの」「たくさんの」の意味を表す。

(1) many は「数えられる名詞」につき、数が多いことを表す(例文1)。

(2) much は「数えられない名詞」につき、量・程度が大きいことを表す(例文2)。

> **many**＋数えられる名詞(複数形)
> **much**＋数えられない名詞

2 (a) few と (a) little

どちらも数量が「少ない」ことを表す。

(1) (a) few は「数えられる名詞」につき数が少ないことを表す(例文3)。

> **(a) few**＋数えられる名詞(複数形)
> **(a) little**＋数えられない名詞

(2) (a) little は「数えられない名詞」につき量・程度が少ないことを表す(例文4)。
なお、**a** のつく **a few, a little** が「少しはある」という**肯定的意味**を表すのに対して、**a** のつかない **few, little** は「少ししかない」という**否定的意味**を表す(➡p.186)。

比較
- I have **a few** friends. （友だちが2, 3人いる）
- I have **few** friends. （友だちがほとんどいない）
- There's **a little** time left. （時間が少し残されている）
- There's **little** time left. （残された時間はほとんどない）

POWER UP

1 限定用法または叙述用法のみの形容詞もある。

(1) 限定用法のみの形容詞
my **elder** brother （私の兄）
an **only** son （1人息子）
the **main** office （本社，本店）

(2) 叙述用法のみの形容詞
これらの形容詞を名詞の前において，名詞を直接修飾することはできない。

afraid （恐れて）		**alive** （生きて）
alone （1人で）		**asleep** （眠って）
aware （気づいて）		**awake** （目がさめて）

○ This fish is still **alive**.
（この魚はまだ生きている）

× an alive fish とは言えない。
a **live** [láiv] fish.（生きている魚）はOK。

Q present の2つの意味①「出席している」と，②「現在の〜」の区別の仕方は？

A present は限定用法と叙述用法の両方で使われますが，意味が異なります。**動詞の補語になる場合と，（代）名詞のあとにつく場合は①の意味で，名詞の前につく場合は②の意味です。**

The women are all **present**.
（女性は全員出席している） 〔叙述用法〕

All the *women* **present** laughed.
　　　　　= who were present
（出席していた女性は全員笑った）
〔叙述用法〕

The **present** *members* are all women.
（現在の会員は全員女性です） 〔限定用法〕

2 「多くの〜」の意味を表すいろいろな語句

(1) 数・量どちらにも用いるもの
a lot of / lots of / plenty of など

(2) 数が多いことを表すもの
a large number of / quite a few

(3) 量が多いことを表すもの
a good deal of / quite a little

*a few, a little の前に quite がつくと，「かなり多くの[多量の]」の意味を表す。

He drank **quite a little** water.
（彼は**かなり多量の**水を飲んだ）

3 several, enough も形容詞として用いられる。

(1) **several**「いくつかの」の意味で，ばくぜんとした数を表す。数えられる名詞につく。
I have visited the village **several** times. （その村を数回訪れたことがある）

(2) **enough**「(数・量が)十分な」「必要なだけの」の意味を表す。数えられる名詞，数えられない名詞のどちらにもつき，名詞の前にもあとにもおかれる点に注意。
I have **enough** time [time **enough**] to visit her.
（彼女を訪ねるのに十分な時間がある）

THE CHECK

☐ ① many と much のうち，数えられない名詞につくのはどちらですか。　　①→ p.116
☐ ② a few [little] と few [little] のどちらが否定的な意味を表しますか。　②→ p.116

15 形容詞

数詞に強くなろう　数の読み方

数や順序を表す形容詞を**数詞**という。個数を表すものを**基数詞**，順序を表すものを**序数詞**という。数詞は名詞としても用いられる。その他，さまざまな数の読み方を勉強しよう。

1　基数詞と序数詞

*太字のつづりに注意

基数		序数		基数		序数	
1	one	**first** [1st]		16	sixteen	sixteenth	
2	two	**second** [2nd]		17	seventeen	seventeenth	
3	three	**third** [3rd]		18	eighteen	eighteenth	
4	four	fourth [4th]		19	nineteen	nineteenth	
5	five	**fifth**		20	twenty	**twentieth** [-tiθ]	
6	six	sixth		21	twenty-one	twenty-first [21st]	
7	seven	seventh		22	twenty-two	twenty-second [22nd]	
8	eight	**eighth** [éitθ]		30	thirty	**thirtieth**	
9	nine	**ninth** [náinθ]		40	**forty**	**fortieth**	
10	ten	tenth		50	fifty	**fiftieth**	
11	eleven	eleventh		60	sixty	**sixtieth**	
12	twelve	**twelfth**		70	seventy	**seventieth**	
13	thirteen	thirteenth		80	eighty	**eightieth**	
14	fourteen	fourteenth		90	ninety	**ninetieth**	
15	fifteen	fifteenth		100	one hundred	one hundredth	

①　基数詞……個数を表す
　(a)　21以上は10の位の語と1の位の語をハイフン(-)でつなぐ。
　(b)　その他の注意すべき基数は次の通り。
　　　1,000 = one thousand　／　**10,000** = ten thousand
　　　100,000 = one hundred thousand　／　**1,000,000** = one million　（100万）

②　序数詞……順序を表す
　(a)　序数詞にはふつう **the** をつける。
　(b)　2語以上から成る序数詞は，最後の語だけを序数にする。
　　　122 = one hundred (and) twenty-second [122nd]

2　数の読み方

① 整　数
3けたずつ区切り，区切りに単位をつけて読む。
8,457,361 = eight million four hundred (and) fifty-seven thousand three hundred (and) sixty-one

② 小　数
小数点を **point** と読み，小数点以下は1語ずつ読む。
0は zero [zíərou] または nought [nɔ́ːt] と読む。
25.107 = twenty-five point one zero seven

③ 分　数
分子を基数，分母を序数で読む。分子が2以上の場合は**分母を複数形**にする。
ただし，$\frac{1}{2}$は a [one] half といい，$\frac{1}{4}$は a [one] quarter ともいう。
$\frac{1}{3}$ = a third　　　$\frac{4}{7}$ = four-sevenths　　　$\frac{1}{4}$ = a fourth または a quarter

④ 年号・日付
年号は2けたずつ区切って読む。
1719 = seventeen nineteen　　　**1900** = nineteen hundred
2000 = (the year) two thousand / twenty hundred
May 1 = May (the) first / May one

⑤ 時　刻
日常生活では〈時+分〉の順に基数で読む。
6:10（6時10分）= six ten　　　**3:45** = three forty-five または a quarter to four

⑥ 電話番号
数字を1つずつ読む。0は[óu] または zero と読む。
911-2305 = nine one one, two three O([óu]または zero) five

3　数詞を用いた慣用表現

(1) **hundreds [thousands] of ~**　（何百〔何千〕もの~）
他に **dozens of ~**（何十もの）など。
Hundreds of people came together.　（何百人という人が集まった）

(2) **in ~'s twenties**　（20代で）
10の位の数を複数形にする。なお teens(10代)とは13歳から19歳までをさす。
My uncle died **in his thirties**.　（おじは30代で死んだ）

(3) **in the nineteen-thirties** [1930's]　（1930年代に）

テスト直前 これだけは！ 練習問題にチャレンジ

A 次の文の誤りを訂正しなさい。
(1) Many time was saved. (　　　　)
(2) You look unhappily. What's wrong? (　　　　)
(3) I want hot something to drink. (　　　　)
(4) The people eat alive fish. (　　　　)

B 日本文に合うように，(　　)内の語句を並べかえなさい。
(1) 彼は通りでお金のいっぱい入った財布を見つけた。
(he / the street / found / money / of / on / full / a wallet).

(2) 明日は特に何かすることがありますか。
(you / do / tomorrow / anything / have / to / particular / do)?

(3) ノルウェーでは天候がとても寒いと思われることでしょう。
(you'll / the / very / find / cold / weather) in Norway.

C 次の文の(　　)内から適当な語を選びなさい。
(1) Tell me how (many, much) money you need.
(2) He will stay in London for (few, a few) days.
(3) There is (few, little) water in the bottle.
(4) She is still in her (twenties, twentieth).

D 次の(1)〜(4)の読み方を英語で書きなさい。
(1) 3,567,100
(2) $\dfrac{2}{5}$
(3) 2014（年）
(4) 907-5368（電話番号）

E 次の英文を日本語になおしなさい。
(1) It is certain that the study of certain subjects will be useful in the future.
(2) There were quite a few people in the concert hall.

Words & Idioms

(1) *save*
　〜を節約する
(2) *What's wrong?*
　どこか具合が悪いのですか

(1) *wállet*　札入れ
　cf. purse　財布，がま口

(2) *particular*
　特別な

(3) *bottle*
　びん
(4) *still*
　まだ

(1) *subject*
　科目

Check your Answers, OK?

考え方

(1) time はこの場合数えられない名詞。
(2) 〈S + V + C〉の文型。副詞は補語にならない。
(3) 形容詞 hot の位置は正しいか。
(4) **alive** には限定用法がない。alive のかわりに live [láiv]（生きている）を用いる。

(1) a wallet full of ～ の語順になる。長い修飾語句は名詞のあとにくる。
(2) anything particular の語順に注意。**-thing** で終わる代名詞を修飾する場合，形容詞はあとにおかれる。
(3) 〈S + V + O + C〉の文。「～が…だとわかる」〈find ～...〉の形になる。

(1) money は数えられない名詞。
(2) 「2, 3日」と考えないと意味が不自然。
(3) water は数えられない名詞。
(4) 「20代で」は in ～'s twenties。

(1) 3けたずつ区切り，区切りに単位をつけて読む。
(2) 分子は基数，分母は序数。分子が 2 以上の場合，分母は複数形になる。
(4) 数字を 1 つずつ読む。

(1) certain の意味に注意。英文の前の certain は叙述用法，後ろの certain は限定用法。
(2) **quite a few = a good many**「かなりたくさんの～」という意味。

答

(1) Many → Much
(2) unhappily → unhappy
(3) hot something → something hot
(4) alive fish → live fish

(1) He found a wallet full of money on the street.
(2) Do you have anything particular to do tomorrow?
(3) You'll find the weather very cold (in Norway).

(1) much
(2) a few
(3) little
(4) twenties

(1) three million, five hundred (and) sixty-seven thousand, one hundred
(2) two-fifths
(3) two thousand and fourteen
(4) nine O [óu] seven, five three six eight

(1) ある種の科目を勉強することは，将来に役立つことは確かである。
(2) コンサートホールにはかなりたくさんの人がいた。

15 形容詞

16 副詞(1)
なくても通じる語となくてはならない語

イメージを描こう

卓也：今日は暑いね。
健一：今日はチョー暑いよ。
真穂：あなたたちは「チョー暑い」とか「メッチャ寒い」ってよく使うけど，つけないときとどう違いがあるのかしら？
健一：「チョー」や「メッチャ」は気持ちを込めてるんじゃない？
卓也：この場合，「チョー」とか「メッチャ」はなくても意味は通じるからね。
健一：それじゃあ「彼はここに住んでいる」とか「彼女は6時に出発した」はどうだろう。
真穂：「ここに」や「6時に」は，なくては意味がわからないわ。
健一：そう，場所や時間を表す語はなくてはならないね。
卓也：でも，程度を表す語はなくても意味がわかるね。
真穂：でもどのくらい暑いのかや寒いのかがよくわかるわ。
健一：どちらも大事な言葉だね。

副詞の働き

here や there など「場所」を表す語や，when, tomorrow, every day など「時」を表す副詞はないと意味がわかりません。一方，「とても」や「たしかに」のように動詞，形容詞，副詞を修飾する「程度」を表す副詞や文全体を修飾する副詞はなくても意味は通じますが，それらがあることで文が豊かになります。

副詞の例を少しあげてみましょう。

live **here**　　　　　　　〔動詞を修飾〕
go **there**　　　　　　　〔動詞を修飾〕
came **yesterday**　　　　〔動詞を修飾〕

a **very** *big* fish　　　　　〔形容詞を修飾〕
walk **very** *slowly*　　　〔副詞・動詞を修飾〕
Certainly *he told a lie.*　〔文全体を修飾〕

1 副詞の働きと位置

副詞は，**動詞・形容詞・他の副詞を修飾する**（形容詞と違って，文の主要素にはなれない）。
副詞には，名詞・句・節・文全体を修飾する用法もあるが，これについては **p.256** で学ぶ。

基本例文

1. ☐ The boy *walked* **slowly** toward the house. 〈動詞を修飾〉
   （その少年は家の方へゆっくりと歩いていった）
2. ☐ My father **usually** *comes* home before seven. 〈動詞を修飾〉
   （父はたいてい7時前に帰宅する）
3. ☐ I'm **terribly** sorry. （本当にすみません） 〈形容詞を修飾〉
4. ☐ He behaved **very** *kindly* at the school. 〈他の副詞を修飾〉
   （彼は学校でとても親切に振るまった）

1 動詞を修飾する副詞

副詞が動詞を修飾する場合は，ふつう**動詞のあとにおく**（例文1）。動詞が目的語を伴っている場合はその**目的語のあとにおかれる**。

I *found* his house **easily**. （彼の家は簡単に見つかった）
　V　　　O　　　副詞

次の(1)(2)の場合の副詞の位置に注意しよう。

(1) 「頻度」「否定」を表す副詞

例文2の usually や often

> **頻度・否定の副詞** { 一般動詞の前 / be動詞・助動詞のあと }

（しばしば），never（決して～ない），hardly（ほとんど～ない）などの副詞は，**一般動詞の前**，**be動詞・助動詞のあと**におかれる。

比較
Ben **often** *comes* to see me. （ベンはしばしば私を訪ねてくる）
　　　　　　一般動詞
He *is* **sometimes** late for school. （彼はときどき学校に遅刻する）
　　be動詞
I'll **never** do such a thing again. （2度とそんなことはしません）
　助動詞

(2) 「場所」「時」を表す副詞

here, there など「場所」を表す副詞や yesterday, today など「時」を表す副詞は，ふつう**文の最後におく**。「場所」と「時」の副詞を同時に用いる場合は〈**場所＋時**〉の順になる。

They arrived **here yesterday**. （彼らは昨日ここに着いた）

注意 場所・時を表す副詞を2つ以上並べる場合は，小さい単位から大きい単位へ順に並べる。右の例文で

at a hotel ＜ by the lake ＜ in the countryside の順である。

She was staying **at a hotel by the lake in the countryside**.
（彼女はいなかの湖のそばのホテルに滞在していた）

2 形容詞・他の副詞を修飾する副詞

very, quite（かなり），almost（ほとんど），too（あまりに）などは**修飾する形容詞・他の副詞の前におく**（例文 3，4）。ただし，**enough は形容詞・他の副詞のあとにおく**。

> That's **too** *bad*. （それはお気の毒です）
> The house was *large* **enough** for my family to live in.
> （その家は私の家族が住むのに十分な大きさだった）

2 副詞の形は -ly だけじゃない

副詞には very, well, often など本来の副詞と，形容詞から派生したものがある。

(1) 〈形容詞＋ -ly〉の形の副詞

> She is very *happy* now. （彼女は今とても幸せです）　〈happy ＝形容詞〉
> The girls played **happily**. （少女たちは楽しそうに遊んだ）　〈happily ＝副詞〉

たいていの形容詞は**語尾にそのまま -ly をつける**が，つづりが一部変化するものもある。

語尾の形	ly のつけ方	語　例
〈子音字＋y〉	y を i にかえて+ly	happy → happ**ily**（幸せに），　angry → angr**ily**（怒って）
-ue	e をとって+ly	true → tru**ly**（本当に），　due → du**ly**（正当に）
-le	e をとって+y	gentle → gent**ly**（やさしく），　noble → nob**ly**（立派に）
-ll	そのまま+y	full → full**y**（十分に）

なお，次の語は -ly で終わるが，副詞ではなくて**形容詞**である。注意しよう。

　　friendly（友好的な），**lovely**（かわいらしい），**lonely**（さびしい）

(2) 形容詞と同形の副詞

hard, high, deep, near, far, slow, little などは**形容詞・副詞が同じ形**。

> Jim is a **hard** worker. （ジムは一生けんめいに働く）　〈形容詞〉
> Jim tried **hard**. （ジムは一生けんめいにやってみた）　〈副　詞〉
> Look at that **high** mountain. （あの高い山を見てごらん）　〈形容詞〉
> The plane was flying **high**. （飛行機は高く飛んでいた）　〈副　詞〉

注意 形容詞と同形の副詞と，-ly のついた形の副詞で意味が異なるものがある。

> I got up **late** this morning.
> （私は今朝は**遅く**起きた）
> I've not heard from him **lately**.
> （**最近**彼から便りがない）

> He worked **hard** yesterday.
> （彼は昨日は**一生けんめい**働いた）
> He **hardly** worked yesterday.
> （彼は昨日**ほとんど**働か**なかった**）

他に，high（高く）— highly（非常に），near（近くに）— nearly（ほとんど），などがある。

POWER UP

1 very と much ── 修飾する語に注意

very ……… 形容詞・副詞の原級
much …… 形容詞・副詞の比較級・最上級, 過去分詞

This book is **very** *good*, but that one is **much** *better*. （この本はたいへん良いが, あの本はこれよりずっと良い）

The singer was **very** charming; she was **much** loved by everyone.
（その歌手はとても魅力的だった。みんなにとても愛されていた）

2 already と yet と still ── 訳は同じだが使い分けが必要

already …「すでに」「もう」（肯定文で）
yet ……… 「すでに」「もう」（疑問文で）
　　　　　　「まだ」（否定文で）
still ……… 「まだ(…している)」（肯定・疑問文で）

I've **already** read the book.
（私は**すでに**その本を読み終えた）

Have you read the report **yet**?
（**もう**報告書を読みましたか）

No, I have not read it **yet**.
（いいえ, **まだ**読んでいません）

He is **still** asleep. （彼は**まだ**寝ています）

3 ago と before ── 時制に注意が必要

ago ……… 「(今から)〜前に」（過去の文で）
　　　*agoは単独では使わない
before …「(その時から)〜前に」（過去完了で）/「以前に」（あらゆる時制で）

I saw him two weeks **ago**.
（私は2週間前に彼に会った）

I have seen her **before**.
（以前彼女に会ったことがある）

4 too と either ── 肯定文か否定文か

too …… 「〜もまた」（肯定文で）
either …… 「〜もまた」（否定文で）

If you go there, I'll go, **too**.
（君がそこへ行くなら, ぼくも行く）

If you don't go there, I *won't* go, **either.** （君がそこへ行かないなら, ぼくも行かない）

Q much 以外に比較級を修飾する副詞がありますか。

A **even**, **far**, **still** などの語は, 比較級をさらに強める働きをします。
　　Jim is tall, but John is **still** *taller*. （ジムは背が高いが, ジョンはもっと高い）

THE CHECK

- ① 副詞が修飾する主な品詞を3つあげなさい。　　　　① → p.123
- ② 副詞 hard と hardly の意味の違いを述べなさい。　② → p.124

テスト直前 これだけは！ 練習問題にチャレンジ

Words & Idioms

A （　）内の副詞を入れるのに適当な場所を∧で示し，それがどの語を修飾するか答えなさい。

(1) It was a cold morning.　(terribly)

(2) She sits alone in the park.　(often)

(3) The lady was kind to help me.　(enough)

(4) Did you sleep last night?　(well)

(1) *térribly*
　ひどく，とても
(2) *alone*
　一人で

B （　）内の語のうち，適当なほうを選びなさい。

(1) The movie star is (very / much) younger than I am.
(2) The book is (very / much) interesting to me.
(3) Did you see Ken two weeks (ago / before)?
(4) I have not (already / yet) sent the e-mail.
(5) She has never eaten a mango (ago / before).
(6) She can't speak Korean, and I can't, (too / either).

(5) *mango*
　マンゴ
(6) *Korean* [kəríːən]
　韓国語

C 下線部に注意して，各組の英文を日本語になおしなさい。

(1) The wind was blowing <u>hard</u> that night.

　The wind was <u>hardly</u> blowing that night.

(2) The summer festival is coming <u>near</u>.

　The summer festival is <u>nearly</u> over.

(1) *blow*
　（風が）吹く
(2) *summer festival*
　夏祭り

D 日本文の意味を表すように，空所に適当な1語を入れなさい。

(1) 彼はいつも図書館で勉強する。
　He (　　　)(　　　) in the library.
(2) おばは先月ここに来ました。
　My aunt came (　　　)(　　　) month.

(1) 「いつも」
　always

Check your Answers, OK?

考え方

(1) 形容詞を修飾するのでその直前におく。
(2) **often** は**頻度**を表す副詞。sit は一般動詞なので，usually はその前に来る。
(3) 〈形容詞[副詞]＋**enough**〉の形になる。
(4) well は動詞を修飾する。

答

(1) a∧cold
    cold を修飾する。
(2) She∧sits
    sits を修飾する。
(3) kind∧to
    kind を修飾する。
(4) sleep∧last
    sleep を修飾する。

---

(1) 形容詞の比較級を修飾している。
(2) 形容詞の原級を修飾している。
(3) 過去の文で「(今から)～前に」を表す場合は **ago** を用いる。
(4) 否定文。「まだその電子メールを送っていない」の意味。
(5) **ago** は現在完了形の文では用いられない。

(1) much
(2) very
(3) ago
(4) yet
(5) before
(6) either

---

(1) **hard** と **hardly** は意味が異なる。**hardly** は否定を表す副詞で，「ほとんど～ない」という意味。
(2) near は形容詞と同形の副詞で「近くに」という意味。nearly は「ほとんど[＝almost]」という意味を表す。

(1) その夜は風が激しく吹いていた。
    その夜は風がほとんど吹いていなかった。
(2) 夏祭りが近づいている。
    夏祭りはほとんど終わっている。

---

(1) **always** は頻度を表す副詞。〈頻度を表す副詞＋一般動詞〉の語順にする。
(2) 場所を表す副詞と時を表す副詞の順序に注意。〈場所＋時〉の順に並べること。

(1) always, studies
(2) here, last

17 疑問詞

「ねえ，いつ，どこで会ったの？」── 疑問詞で始まる疑問文

イメージを描こう

　真穂は学校に着くと友達に「きのう沖田先生を見たよ」と興奮して話しています。

　沖田先生にあこがれている友達は「どこで？ だれといたの？ 何をしていたの？」と，真穂を質問攻めにするでしょう。

　人間は，絶えず「なぜ」「どうして」「何を」などと自問し，話の中でもよくこれらの質問をします。

　「5つのWと1つのH」，これが文章を書く基本だよ」と，国語の時間に習った記憶があるでしょう。5つのWと1つのHは次のとおりです。

Who（だれ）	**What**（何）
When（いつ）	**Where**（どこで）
Why（なぜ）	**How**（どのように）

疑問詞──疑問を解くカギ

　左のような疑問を問うのが，疑問詞で始まる疑問文です。

　疑問詞には**疑問代名詞**（who, what, which など）と**疑問副詞**（when, where, why, how）があり，what, which は名詞の前について**形容詞の働き**もします。どれも疑問文の中核になるものです。

　疑問詞で始まる疑問文は，「何が問われているのか」ということと，語順さえしっかりつかめば，少しもむずかしくはありません。

1　疑問詞は文頭におかれる

疑問詞のある疑問文（→p.20）は，ふつう**疑問詞が文頭に来る**。これは疑問に思っているポイントを相手に強く印象づけるためである。

文頭の疑問詞のあとの語順は，ふつうの疑問文と同じになる。

〈wh- 疑問文〉　　　　　　　〈ふつうの疑問文〉

What is this flower?　　　Is this flower an anemone?
（この花は何ですか）　―同じ語順―　（この花はアネモネですか）

ただし，**疑問詞が主語**になる疑問文は，〈疑問詞＋動詞～？〉の語順で平叙文と同じになる。
　　　　　　　　　　　　　　　＝主語
　　　　　　　　　　　〈平叙文〉

Who bought this flower?　　Nancy bought this flower.
（だれがこの花を買ったのですか）　―同じ語順―　（ナンシーがこの花を買った）

1　疑問代名詞を用いた疑問文

主　格 (～は, が)	所有格 (～の)	目的格 (～に, を)	意　味	さすもの
who	whose	who(m)	だれ	人
which	―	which	どれ, どちら	人, 物
what	―	what	何	物

▲アネモネの花

基本例文

1☐ **Who** is that boy? ── He is Bob.
　　（あの少年はだれですか。── 彼はボブです）

2☐ **Whose** bike is this? ── It's Ken's.
　　（これはだれの自転車ですか。── 健のです）

3☐ **Which** shall I choose for my mother?　（お母さんのためにどちらを選ぼうか）

4☐ **What** happened then?　（そのとき何が起こったのですか）

注意　(1)　whose は名詞の前につけるほか，単独で「だれのもの」の意味になる。
例文 2 は次のようにも表せる。
→ **Whose** is this bike?
　（この自転車はだれのものですか）

(2)　whom は口語では who で代用されるのがふつう。
　　Whom [Who] did you meet there last night?　（昨夜そこでだれに会いましたか）

(3)　**what, which** はあとに名詞を伴って用いられることもある。この場合の what, which を**疑問形容詞**という。
　　What *subject* do you like best?
　　（どの科目が一番好きですか）
　　Which *book* do you want?
　　（どの本がほしいのですか）

17　疑問詞　129

2 疑問副詞を用いた疑問文

疑問副詞	意　味	たずねる内容
when	いつ	時
where	どこで［に，へ］	場所
why	なぜ	理由
how	どのように	方法

基本例文

1□ **When** will the party begin? ── It will begin *at six*.
（パーティーはいつ始まりますか。── 6時に始まるでしょう）

2□ **Where** did you find the painting? ── I found it *at my uncle's*.
（どこでその絵を見つけたのですか。── おじの家で見つけました）

3□ **Why** was he absent from school? ── **Because** *he was sick*.
→ Why～? には Because ～で答える
（なぜ彼は学校を休んだのですか。── 病気だったのです）

4□ **How** did she come here? ── She came here *by subway*.
（どのようにして彼女はここに来たのですか。── 地下鉄で来ました）

答え方に注意しよう。Why ～? には Because ～. で理由を答えるのが原則（例文 3）だが，目的を聞かれたときは，次のように不定詞 To ～. を使うこともできる。

Why did you go to the airport? ── **To** see her off.
（なぜ空港へ行ったのですか。── 彼女を見送るためです）

How ～? で交通手段などを聞かれたときは，例文 4 のように **by** ～（～で）で答える。

注意 how, why, what を含む慣用表現。

(1) **How about -ing?**
（～してはいかがですか）

How about tak**ing** a walk?
（散歩をしませんか）

(2) 〈**How**＋形容詞［副詞］～?〉の形は，程度や数値をたずねる表現。

How long does it take to go there?
（そこへ行くのにどれくらいかかりますか）

How many days are there in a week? （1週間は何日ありますか）

(3) **Why don't you ～? / Why not ～?**
（～してはいかがですか）

Why don't you read this book?
（この本を読んでみたらどうですか）

(4) **What do you say to -ing?**
（～するのはいかがですか）

What do you say to play**ing** chess? （チェスをするのはどうですか）

2 間接疑問は語順がポイント

疑問文が独立せず，文中で節となって他の文の一部となるものを<u>間接疑問</u>という。この場合，節の中は〈疑問詞［または **if**, **whether**］＋主語＋動詞〉の語順になる。

基本例文

1. □ I don't know **who he is**. ➡ Who is he?
   　　　　　　　　　S+V
   （私は彼がだれなのか知らない）　　　　　（彼はだれですか）

2. □ Let me know **if she will come**. ➡ Will she come?
   　　　　　　　　　　　S+V
   （彼女が来るかどうか知らせてください）　（彼女は来るでしょうか）

(1) 疑問詞のある文の場合……〈疑問詞＋主語＋動詞〉の語順。

　（例文 1）I don't know. ＋ Who is he?

　　➡ I don't know **who he is**. ↳ 主節が平叙文だからピリオド

　Do you know **where Mike lives**?
　（マイクがどこに住んでいるか知っていますか）

　　　　Do you know? ＋ Where does Mike live?

　　➡ Do you know　where　Mike lives? ↳ 主節が疑問文だから？

(2) 疑問詞のない文の場合……接続詞 if（〜かどうか）か whether（〜かどうか）を補う。
　　　　　　　　　　〈if［whether］＋主語＋動詞〉の語順。

　（例文 2）Let me know. ＋ Will she come?

　　➡ Let me know **if [whether] she will come**.

Q What do you think 〜? のように，主節の疑問文が文中に入るのはどんな場合ですか。

A 主節が do you think [guess] などで，「〜と思いますか[推測しますか]」とたずねる疑問文は **Yes, No** では答えられません。この場合 do you think [guess] は文頭に来ずに，疑問詞のすぐあとにおかれます。

　〔テストに出るぞ！〕

　Do you think? ＋ **What** is that animal?

　What *do you think* that animal is? ── I think it's a raccoon.
　（あの動物は何だと思いますか）　　　　（アライグマだと思います）

次の文と比較するとよくわかります。

　Do you know **what** that animal is? ── Yes, I do.
　（あなたはあの動物が何か知っていますか）　（はい，知っています）

この文は **Yes, No** で答えられます。

▲アライグマ

THE CHECK

□ ① 疑問詞が主語になる場合の疑問文の語順は？　　　　　　① → p.129
□ ② あとに名詞を伴った形でも用いられる疑問詞は何と何ですか。② → p.129
□ ③ 間接疑問では，疑問詞のあとの語順はどうなりますか。　③ → p.130
□ ④ 間接疑問で，疑問詞が文頭におかれるのはどんな場合ですか。④ → p.131

テスト直前 これだけは！ 練習問題にチャレンジ

Words & Idioms

A 次の文の空所に適当な疑問詞を入れなさい。
(1) (　　　) can't you go? — Because I am busy.
(2) (　　　) car is this? — I think it is his.
(3) (　　　) is that man? — He is Mr. Brown.
(4) (　　　) is he? — He is a noted actor.
(5) (　　　) much is this hat? — It's 3,000 yen.

(4) *noted* [nóutid]
有名な
actor
俳優, 男優

B 下線部が答えの中心となるような疑問文を書きなさい。
(1) <u>Mr. Yoshida</u> teaches them mathematics.

(2) I have been waiting <u>for an hour</u>.

(3) I like <u>summer</u> best.

(4) The toy is made of <u>plastic</u>.

(5) I went to the theater <u>by bus</u>.

(1) *mathemátics*
数学
(4) *plastic*
プラスチック
(5) *theater*
劇場

C 次の2文をつないで, 1つの文にしなさい。
(1) You don't know. + What did I buy at the shop?

(2) Do you think? + Where does she live?

(3) Ask him. + Does he know her address?

(3) *addréss*
住所

D 日本文の意味を表すように, (　　　)内の語句を並べかえなさい。
(1) 今夜いっしょに外で食事をしませんか。
(with / about / out / me / how / dining) tonight?

(2) 今日店が開いているかどうか教えてください。
Please (open / me / today / is / tell / if / the shop).

(1) 「外で食事をする」
dine out

Check your Answers, OK?

考え方

(1) Because ～. で行けない理由を答えているから，理由をたずねる疑問文にする。
(2) his は所有代名詞で「彼のもの」の意味。
(3)(4) 姓名をたずねるのに who を，職業をたずねるのに what を用いる。
(5) 値段を答えているので，How much ～? でたずねる。

答

(1) Why
(2) Whose
(3) Who
(4) What
(5) How

---

(1) 疑問詞が主語になる。
(2) How long または How many hours で始まる疑問文にする。
(3) 「どの季節が一番好きか」という意味の疑問文にする。which を疑問形容詞として用いる。
(4) 「そのおもちゃは何でつくられているのですか」とたずねる文をつくる。
(5) 「どのようにしてその劇場へ行ったのですか」とたずねる文をつくる。

(1) Who teaches them mathematics?
(2) How long [How many hours] have you been waiting?
(3) Which season do you like best?
(4) What is the toy made of?
(5) How did you go to the theater?

---

(1) What ～? の疑問文が文中で節になる。〈what ＋ S ＋ V〉の語順に注意。
(2) 「彼女がどこに住んでいると思いますか」の問いには Yes, No で答えられないから，疑問詞を文頭におく。
(3) 疑問詞のない疑問文の場合，接続詞 if [whether]「～かどうか」を用いて文をつなぐ。

(1) You don't know what I bought at the shop.
(2) Where do you think she lives?
(3) Ask him if [whether] he knows her address.

---

(1) How about -ing ～?
(2) 間接疑問文。「～かどうか」の if を主語＋動詞の前におく。

(1) How about dining out with me (tonight)?
(2) (Please) tell me if the shop is open today.

17 疑問詞

18 関係詞（1）

これは昨日買ったデジカメだ ── 2つの文をつなぐ代名詞

イメージを描こう

次の3つの対話を比べてみてください。
(1) A「それは何？」── B「お人形」──
　　A「どうしたの？」── B「ママに買ってもらったの」
(2) A「それは何？」──
　　B「時計だよ。パパが昨日買ってくれたんだ」

(3) A「それは何？」──
　　B「これは昨日買ったデジタルカメラです」

　(1)～(3)のBはどのような人が言っているセリフか，簡単にイメージできますね。(1)はまだ幼い女の子，(2)は小学生くらいの男の子を想像しますね。(3)は中学生・高校生以上でしょう。このように同じ質問に対する答えは，成長と共に変化します。大人に近づくほど一度の発話で伝える情報量が多くなります。しかも，(2)のように別の文であとで情報を加える言い方から，(3)のように1つの文に情報を盛り込む言い方をするようになります。
　みなさんも「昨日買った」という情報を伝えたいときには「これはデジタルカメラです。昨日買いました」と2つの文で言わずに，無意識に(3)のような言い方をしてみませんか。

関係代名詞は便利なつなぎ言葉

　英語で「わざわざ2つの文で言わずに，1つの文で表現する」ときに活躍するのが関係代名詞という便利な言葉です。
　2つの文　This is the digital camera.　I bought it yesterday.
　1つの文　This is the digital camera **which** I bought yesterday.
　「これはデジタルカメラだ」「私はそれを昨日買った」という2つの文を，関係代名詞を使って1つの文にまとめています。「デジタルカメラ」という名詞に関係代名詞 which を使って「昨日買った」という文をつなげている形になっています。この関係代名詞を使いこなせれば，英語での表現力が高まります。

1 関係代名詞は〈接続詞＋代名詞〉

関係代名詞とは，文と文をつなぐ**接続詞**と，すぐ前の名詞を受ける**代名詞**が一つに合体したものである。このことを次の文で確かめよう。

- (a) I know a girl **and she** can sing well.
- (b) I know a girl **who** can sing well. （私は歌が上手な女の子を知っている）

(b)の who は (a) の and she の代わりに用いられ，who 以下全体で前の a girl を修飾している（接続詞＋代名詞）。このように，関係代名詞とは接続詞と代名詞両方の働きを持った言葉である。

また(b)の girl のように，関係代名詞の節によって修飾される（代）名詞を**先行詞**という。

関係代名詞の種類は次の通りで，先行詞の種類と格によって使い分ける。

先行詞 （修飾される語）	主　格 （主語の代わり）	所　有　格 （「～の」の代わり）	目　的　格 （目的語の代わり）
人	who	whose	whom
物・動物	which	whose [of which]	which
人・物・動物	that	──	that
先行詞を含む	what	──	what

＊動物の場合でも，ペットについて用いるときは who を使う。

1 who の用法

関係代名詞 who は，先行詞が「人」の場合に用いられる。節の中での働きによって who（主格），whose（所有格），whom（目的格）のいずれかの形になる。

> **基本例文**
> 1. □ I know *the girl* **who** speaks Italian very well.　　　　　　　〈主　格〉
> 　　（私はイタリア語をとても上手に話す女の子を知っています）
> 2. □ She is *the lady* **whose** husband works in New York.　　　〈所有格〉
> 　　（彼女は夫がニューヨークで働いている女性です）
> 3. □ *The lady* (**whom**) I'd like to introduce to you is another person.　〈目的格〉
> 　　（私があなたに紹介したい女性は別の人です）

(1) **主格 who を用いる場合**（例文 1）　　関係詞節中の動詞の主語になる。

I know the girl.
　　⇩
　　She speaks Italian very well.
　　⬇主格　　主格の who のあとは動詞が続く　〈覚え得〉
　　who

18　関係詞(1)

(2) **所有格 whose を用いる場合**（例文 2）　「（先行詞）の～」の意味。直後に名詞が続く。

> She is the lady.
> ⇩
> 　　Her　husband works in New York.
> 　　⬇所有格
> 　　whose
>
> **whose husband** の後ろに動詞が続き，関係詞節中で主語となっている〔覚え得〕

(3) **目的格 who(m) を用いる場合**（例文 3）　あとに続く動詞，前置詞の目的語になる。なお，口語では代わりに who をよく用いる。**who(m)** は省略されることが多い。

> The lady　　　　　　　　　　is another person.
> ⇩
> 　her　I'd like to introduce to you.
> 　⬇目的格　　**who(m)** のあとは〈主語＋動詞〉が続く〔覚え得〕
> 　**who(m)**

② which の用法

関係代名詞 which は，先行詞が「人以外［物や動物］」の場合に用いられる。主格と目的格はともに which であるが，所有格は who の所有格である whose を用いる。

> **基本例文**
> 1 □ My father bought *a house* **which** stands on the hill.　　〈主　格〉
> 　　（父は丘の上にある家を買った）
> 2 □ Look at *the mountain* **whose** top is covered with snow.　　〈所有格〉
> 　　（頂上が雪でおおわれている山を見なさい）
> 3 □ This is *the camera* (**which**) my father bought yesterday.　　〈目的格〉
> 　　（これは父が昨日買ったカメラです）

which の主格・所有格・目的格も考え方は who の場合と同じである。

(1) **主格の which**（例文 1）

　　My father bought a house. + It stands on the hill.
　　　　　　　　　　　　　└── which ──┘

(2) **所有格の whose**（例文 2）

　　（例文 2）→ Look at the mountain. + Its top is covered with snow.
　　　　　　　　　　　　　　└── whose ──┘

〔注意〕whose の代わりに **of which** を使う形もあるが，現在ではあまり一般的ではない。　｜　（例文 2）→ Look at the mountain **the top of which** is covered with snow.

(3) **目的格の which**（例文 3）　目的格の which は whom 同様省略されることが多い。

　　This is the camera. + My father bought it yesterday.
　　　　　　　　└──────── which ────────┘

③ that の用法

関係代名詞 that は，先行詞が「人」でも「人以外」でも用いられる。前者の場合は who，後者の場合は which の用法と同じである。that の主格・目的格はともに that で，所有格はない。なお，次のように who, which ではなく，**特に that を用いる場合**がある。

> **基本例文**
> 1□ This is **the only** *suit* (**that**) I have.
>   （これは私の持っている唯一の背広です）
> 2□ This is **the longest** *bridge* (**that**) I have ever seen.
>   （これは私が今まで見た中では最も長い橋だ）
> 3□ Look at **the girl and her dog that** are coming this way.
>   （こちらへ来る女の子と犬を見てごらん）
> 4□ **Who** is *the man* **that** is talking with Ken's father?
>   （健の父親と話している男の人はだれですか）

(1) 先行詞が**最上級の形容詞**, the only, the same, all, every, any など**限定の意味の強い語で修飾されている場合**や，先行詞そのものが **everything, anything, nothing** などの場合（例文 1, 2）

　　Do you believe **everything** (**that**) your parents say?
　　　（あなたは両親が言うことをすべて信じますか）

(2) 先行詞が〈**人＋人以外**〉の場合（例文 3）

(3) 前に who, which などの**疑問詞のある場合**（例文 4）

注意 上の場合でも，先行詞が人のときは who を用いることが多い。

　　The oldest *man* **who** lives in this town is my grandfather.
　　　（この町に住んでいる最高年齢者は私の祖父です）

④ 前置詞の目的語となる関係代名詞

目的格の関係代名詞は，関係詞節の中で動詞の目的語だけでなく「前置詞の目的語」にもなる。

> **基本例文**
> 1□ (a) I don't know the girl (**who(m)**) you were talking **to** yesterday.
>   (b) I don't know the girl **to whom** you were talking yesterday.
>   （私はあなたが昨日話しかけていた女の子を知らない）
> 2□ (a) These are the toys (**which / that**) my daughter plays **with**.
>   (b) These are the toys **with which** my daughter plays.
>   （これらは私の娘が遊ぶおもちゃだ）

この場合の whom, which は動詞の目的語ではなく, 前置詞 to の目的語(例文 1), with の目的語(例文 2)である。前置詞の位置の異なる 2 種類の英文が可能である。

(例文 1)
I don't know the girl. ＋ You were talking *to* her yesterday.
　　　　　　　　　　　　　　　　　　　　前置詞
　　　　　　　　　　　(a) (**who(m)**) you were talking **to**
　　　　　　　　　　　(b) **to whom** you were talking

(a) 前置詞を動詞の後ろに残したまま, 関係代名詞のみが先行詞の後ろに来る形。
　　この場合の関係代名詞は省略されることが多い。
(b) 〈前置詞＋関係代名詞〉が先行詞の後ろに来る形。
　　この場合の関係代名詞は省略できない。また, that は使用されない。形式ばった表現とされ, 口語ではまず用いられない。

　　✕ I don't know the girl *to that* you were talking.
　　✕ These are the toys *with that* my daughter plays.

5 what の用法

「彼女が言ったこと」「あなたが持っているもの」のように先行詞がばく然としていて, はっきりと示す必要がないとき,「～するもの」「～すること」という意味で関係代名詞 what を用いる。what は, 意味的に先行詞 the thing(s)を中に含んでいるため, 他の関係代名詞と異なり直前に先行詞がない。

what = the thing(s) which （～すること, するもの）

基本例文

1☐ **What** is important to you is also important to me. 〈主　語〉
　　　S
　　（あなたにとって重要なことは私にとっても重要です）

2☐ I always believe **what** you say. 〈目的語〉
　　　　　　　　　　　　　　　　O
　　（私はいつもあなたのおっしゃることを信じます）

注意 (1) who, which, that で始まる節が形容詞節であるのに対し, what で始まる節は名詞節である。だから, what 節は, 文中で主語(例文 1)・目的語(例文 2)・補語になる。

That's **what** I want. 〈補　語〉
（それが私のほしいものです）

(2) what が関係代名詞か疑問詞かは前後の文脈を見て判断しよう。

① She gave me **what** I wanted.
　（彼女は私のほしいものをくれた）
② She asked me **what** I wanted.
　（彼女は私に何がほしいかとたずねた）

①は関係代名詞, ②は疑問詞である。

2　関係副詞は〈接続詞＋副詞〉

　関係副詞とは，接続詞と副詞の働きをかねそなえた語である。関係代名詞とはっきり区別しよう。

- 関係代名詞＝〈接続詞＋代名詞〉
- 関　係　副　詞＝〈接続詞＋副　　詞〉

の働き

(a) I remember the day and I first met her then.
(b) I remember the day when I first met her.
　　（ぼくは初めて彼女に会った日を覚えている）

(b) の when は (a) の文の and と then の代わりに用いられ，前の先行詞 day を修飾している。

このように〈接続詞＋副詞〉の働きをする語を**関係副詞**という。また，関係副詞で始まる節によって修飾される名詞は，やはり**先行詞**と呼ばれる。

関係副詞は副詞なので格変化はなく，先行詞の種類によって4つの関係副詞を使い分ける。

関係副詞	when	where	why	how
先　行　詞	時を表す名詞	場所を表す名詞	理由(the reason)	方法（先行詞を含む）

基本例文

1□ My father got married in *the year* **when** the war broke out.
　　（父はその戦争が始まった年に結婚しました）

2□ This is *the town* **where** my father was born.
　　（これは父が生まれた町です）

3□ Tell me *the reason* **why** you did not come on time.
　　（時間通りに来なかった理由を言いなさい）

4□ Show me **how** he solved the problem.
　　（彼が問題を解いた方法を教えてください）

(1) 関係副詞 **when**（例文 1）　　先行詞は「時」を表す名詞。例文1は次のように考えよう。then が代名詞ではなく，副詞であることに着目。

My father got married in the year.
　　⇩
　　　　Then [= In the year]　the war broke out.
　　⇩　　　then は副詞
　　when

18　関係詞(1)　**139**

関係副詞と先行詞が，次のように離れることがある。

　　The *time* may come **when** they will need your help.
　　（彼らがあなたの援助を必要とする時が来るかもしれない）

(2) **関係副詞 where**（例文 2）　　先行詞は「場所」を表す名詞。

> This is the town.
> 　　⇩
> 　　There [In the town] my father was born.
> 　　⇩
> 　　**where**

　　The hotel **where** we stayed was near the skiing ground.
　　（私たちが滞在したホテルはスキー場に近かった）

(3) **関係副詞 why**（例文 3）　　先行詞は **the reason**（理由）だが，口語では先行詞が省略されたり，逆に the reason が単独で使われることがある。

（例文 3）= Tell me **why** you did not come on time.

　　This is ∧ **why** I am angry.
　　（こういうわけで，私は怒っているのです）

　　The reason ∧ she cried was evident.
　　（彼女が泣いた理由は明らかだった）

(4) **関係副詞 how**（例文 4）　　先行詞（the way）を含み，**手段・方法**を表す。how が省略されて，the way が単独で使われることもある。

（例文 4）= Show me **the way** he solved the problem.

　　I like **the way** she laughs.　　（私は彼女の笑い方が好きだ）

Q I don't like the way how he speaks. のように，先行詞を残してもいいですか。

A 関係副詞 how だけは先行詞を残さず，the way か how の一方だけを使います。

I don't like { the way / how } he speaks.

POWER UP

1 what を含む慣用表現を覚えよう。

(1) **what we[you / they] call** ~
 ＝**what is called** ~ （いわゆる）

　He is **what is called** a self-made man.
　（彼はいわゆる自分でたたきあげた人だ）

(2) **what is** ＋形容詞の比較級
　（さらに～なことには）

　She is kind, and **what is** still **better**, is very bright.
　（彼女は親切で，さらに良いことには，とても利口だ）

　It got dark and, **what was worse**, they lost their way.
　（暗くなり，さらに悪いことに，彼らは道に迷った）

(3) **what ～ is[am / are]** （現在の～）
　what ～ was[were / used to be]
　（過去の～）

　She is not **what she was**.
　（彼女は昔の彼女とは違う）

　Our city is different from **what it used to be**.
　（私たちの町は以前とは違う）

2 This is why ～, This is how ～

　This[That] is why ～「こういう[そういう]理由で～」，This[That] is how ～「このよう[そのよう]にして～」は口語でよく用いられる表現である。

　This is why I'm angry with him.
　（こういう理由で私は彼に腹を立てているのだ）

　That's how he invented the machine.
　＝ **That's the way** he invented the machine.
　（そのようにして彼はその機械を発明した）

THE CHECK

□ ① 関係代名詞は，〈（　　　）＋（　　　）〉の働きをする。　　①→p.135
□ ② 特に関係代名詞 that を用いる場合を3つ述べなさい。　　②→p.137
□ ③ 関係代名詞 what で始まる節は何節ですか。　　③→p.138
□ ④ 関係副詞を4つあげ，それぞれの先行詞の種類を述べなさい。　　④→p.139

テスト直前 これだけは！ 練習問題にチャレンジ

A （　）内に適当な関係代名詞，あるいは関係副詞を入れなさい。

(1) Saturday is the day (　　　) I'm not busy.
(2) He has a secretary (　　　) he can trust.
(3) This is the only house (　　　) stands on the hill.
(4) We live in the city (　　　) castle is famous.
(5) (　　　) he said surprised me.
(6) This is the best car (　　　) I have ever found in Japan.
(7) Do you know the boy (　　　) Jane is talking to?

B 適当な関係詞を用いて，次の2つの文を1文にしなさい。

(1) My sister wants to use the camera.
　　I bought it yesterday.

(2) Monday is the day.
　　Many people feel blue on the day.

(3) The people were very nice.
　　We visited their house last Sunday.

C 次の英文を日本語になおしなさい。

(1) That is the chair which the President sat on.

(2) I'm sorry I can't understand what you mean.

(3) I will introduce the man who will run for mayor.

D 次の文を英語になおし，下線部を補いなさい。

(1) そういうわけで私は学校に遅刻しました。
　　_____ for school.
(2) 私があなたのためにできることが何かありますか。
　　Is there _____ for you?

Words & Idioms

(2) *secretary* 秘書
(4) *castle* [kǽsl] 城
(5) *surprise* 〜を驚かす

(2) *feel blue* 気分が重い，憂鬱な

(1) *President* 大統領
(2) *mean* 意味する，〜のつもりで言う
(3) *run for mayor* 市長に立候補する

(1) 「学校に遅刻する」 *be late for school*
(2) 「何か」 *anything*

Check your Answers, OK?

考え方

(1) 先行詞は「時」を表す語句の the day。
(2) (　)のあとが〈S + V〉になっているから目的格。
(3) 先行詞に the only がついている。また，(　)の後ろは動詞なので主格。
(4) (　)のあとに**無冠詞の名詞**があるから，**所有格の関係代名詞**。
(5) 先行詞がない。(　) he said で「彼が言ったこと」の意味。
(6) 先行詞に best がついていることに着目。
(7) 前置詞 to の目的語となる関係代名詞。

答

(1) when
(2) who [whom / that]
(3) that
(4) whose
(5) What
(6) that
(7) who [whom]

---

(1) the camera と it が同じ物であることに着目。it → which にかえて，先行詞(the camera)のすぐあとに入れる。この which [または that] は省略できる。
(2) 副詞句 on the day を関係副詞にかえ，2つの文をつなぐ。
(3) their を関係代名詞にかえ，2つの文をつなぐ。「私たちがこの前の日曜日に訪れた家の人々はとても良い人だった」の意味。

(1) My sister wants to use the camera which [that] I bought yesterday.
(2) Monday is the day when many people feel blue.
(3) The people whose house we visited last Sunday were very nice.

---

(1) sat on の前置詞 on の目的語となる関係代名詞。
(2) **what** は先行詞を含む関係代名詞。what で始まる節が目的語になっている。
(3) who will run for mayor が前の the man を修飾している。

(1) それは大統領が座った椅子です。
(2) 申しわけありませんが，あなたの言おうとすることがわかりません。
(3) 市長に立候補する人を紹介しましょう。

---

(1) 「そういうわけで～」は **That is why** ～. の形で表す。
(2) 先行詞の後ろに目的格の関係代名詞が続く。先行詞が anything なので関係代名詞は that。that は省略できる。

(1) That is why I was late (for school).
(2) (Is there) anything that I can do (for you)?

19 比較(1)

鉄と綿とどっちが重い!!?

イメージを描こう

　子供のころ
「鉄と綿とどっちが重い？」
などと言いあってよく遊びました。
相手が「鉄」と答えると，
「ふーん，パチンコの玉とふとんとどっちが重い？　ふとんだね。それなら，綿の方が鉄より重いじゃないか」
といい，相手が「綿」と返事をすると，待ってましたとばかり，
「へー，本気？　鉄より綿が重いなんていう人信じられない。鉄の比重知らないのかな」
と言ったりしたものです。

比べる基準をそろえることが大切

　ものごとを比較する場合は，かさとか量とかの基準をそろえた上で比べなければ意味がありません。左の話は，この前提が抜けていますから，ナンセンスです。

　また，「大きさ」を比べるにしても，東京の「人口」とニューヨークの「面積」は比べられません。「面積と面積」「人口と人口」を比べてはじめて意味があるのです。

　英語の比較でも，基本的には同じ形の文，同じ内容を比べます。ただ，比較の文では同じ言葉のくり返しをきらって言葉の省略が行われますから，どんな言葉が省略されているかに気をつけましょう。

　Tom is 5 feet 10 inches. と Ken is 6 feet. を比べて，
　Ken is taller than Tom (is tall).
のように表すのです。

1 形容詞・副詞は形をかえる

「強い」「大きい」「美しい」などという状態を表す言葉（形容詞）や，「速く」「遠く」「高く」などという動作の程度を表す言葉（副詞）は，ものごとを比べる場合にも使う。

日本語では「より強い」とか「一番速く」のように比較を表し，もとの語自体は変化しないが，英語では「強い」「速く」という語自体がかわる。まず，その変化を勉強しよう。

1 規則的な変化 （原級 ― 比較級 ― 最上級）

(1) 1音節の語と，2音節の語の一部は，語尾に **-er, -est** をつける。
　　　↳ er, le, ow, y で終わる形容詞

	原　級	比　較　級	最　上　級
1音節	strong （強い） fast （速い） soon （すぐに）	strong**er** fast**er** soon**er**	strong**est** fast**est** soon**est**
2音節	clev・er （利口な） no・ble （気高い） nar・row （狭い） lone・ly （孤独な）	clever**er** nobl**er** narrow**er** lonel**ier**	clever**est** nobl**est** narrow**est** lonel**iest**

＊何音節というのは，その語の中で発音される母音の回数と考えよう。
long, soon なら1回，clever, happy なら2回になる。

注意 -er, -est をつけるとき，次の語尾の形容詞・副詞に注意しよう。

(a) **-e で終わる語**は -r, -st だけをつける。
　　large ― larg**er** ― larg**est**

(b) 〈**子音字＋y**〉で終わる語は，y を i にかえて -er, -est をつける。

　happy ― happ**ier** ― happ**iest**
　busy（忙しい）― bus**ier** ― bus**iest**

(c) 〈**短母音＋1子音字**〉で終わる語は，子音字を重ねて -er, -est をつける。
　big ― big**ger** ― big**gest**
　hot ― hot**ter** ― hot**test**

(2) 2音節の語の大部分と，3音節以上の語は，**原級の前に more, most** をつける。

	原　級	比　較　級	最　上　級
2音節	use・ful （役に立つ） fa・mous （有名な）	**more** useful **more** famous	**most** useful **most** famous
3音節	im・por・tant （重要な） beau・ti・ful （美しい）	**more** important **more** beautiful	**most** important **most** beautiful

-ly で終わる副詞も more, most をつける。ただし，early（早く）だけは例外。

　quickly （速く）　　― **more** quickly　― **most** quickly
　carefully （注意深く）― **more** carefully ― **most** carefully
　early （早く）　　　― earl**ier**　　　― earl**iest**

19 比較(1)

2 不規則な変化 （原級 ― 比較級 ― 最上級）

原級			比較級	最上級
good well	（良い） （良く,上手に）	〈形容詞〉 〈副　詞〉	better	best
bad ill badly	（悪い） （病気の） （悪く,ひどく）	〈形容詞〉 〈形容詞〉 〈副　詞〉	worse	worst
many much	（多数の） （多量の）	〈形容詞〉 〈形容詞〉	*more	*most
little	（少量の）	〈形容詞〉	less	least

＊この more, most と規則変化をする語の前につける more, most を混同しないこと。

2 原級を用いた比較 ―― as ～ as ...

2つのものを比べてそれらが同じ程度であることを表すとき, **as ～ as ...**（…と同じくらい～）の形を用いる。「～」には形容詞・副詞の原級が入る。

　　Japan is **as** large **as** California.　➡ **A = B**
　　　　A　　　　原級　　　B
　　（日本はカリフォルニアと同じ大きさだ）

基本例文
1□ Ken plays the guitar **as** well **as** Tom.
　　（健はトムと同じくらいギターをひくのが上手だ）
2□ I can**not** run **as** fast **as** Akio.　　（私は明夫ほど速く走れない）
3□ He has five **times as** many books **as** Yoko.
　　（彼は洋子の5倍の本を持っている）

(1) 　**as ～ as ...**　　　比べる2つのものの程度が同じことを表す（例文1）
　　　not as [so] ～ as ...　上の as ～ as ... の否定形（…ほど～でない）（例文2）。

　　Japan is **not as [so]** large **as** the United States.　➡ **A ≠ B**
　　　　A　　　　　　　原級　　　　　B
　　（日本は合衆国ほど大きくはない）

(2) ＿＿ **times as ～ as ...**（…の ― 倍の～）
　　倍数を表す表現。「何倍」にあたる語を ＿＿ times の形にして as ～ as の前におく（例文3）。ただし,「2倍」は two times の代わりに twice,「半分」は half を用いる。

　　He ate **twice** as much **as** I did.　（彼は私の2倍多く食べた）
　　This cake is **half** as large **as** that one.　（このケーキはそちらの半分の大きさだ）

3 比較級を用いた比較

2つのものを比べて、「(一方が他方)よりも～」というとき、〈比較級＋than ...〉の形を用いる。

Light travels **faster than** sound. ➡ A ＞ B
　A　　　　　比較級　　B
（光は音よりも速く進む）

基本例文

1□ Health is **more important than** wealth.
（健康は富よりも大切である）

2□ Ken can swim **much faster than** Mayumi.
（健は真由美よりもずっと速く泳げる）

3□ The population of Tokyo is **larger than that of** New York.
（東京の人口はニューヨークよりも多い）

4□ This guitar is **the better of the two**.
（2つの中ではこのギターの方がよい）

比較級を含む文では、次のことがらに注意しよう。

(1) **比較の程度を表す語**は、比較級の前におく（例文 2 much〔ずっと〕）。
　I got up **a little** earlier than Mike.（私はマイクよりも少し早く起きた）

(2) **比べる対象をそろえる**。例文 3 では「東京の人口とニューヨークの人口」を比べているから New York の前に「～の人口」を表す that of [＝ the population of] をつけている。この that of は省略できない。

　His mental level is higher than the average **boy's**.
　　　　　　　　　　　　　　　　　　　　　↳ boy としないこと
（彼の知能はふつうの男の子よりも高い）

　➡ boy's ＝ boy's mental level

注意 比較級の文で、than 以下が省略されることがある。than 以下がわかりきっているような場合である。

I feel much better today.
　　　　　　　　↳ than ever
（今日はずっと気分がよい）
　　　↳「これまでより」の省略

(3) 〈**the＋比較級＋of the two**〉で、「(2つのうちの)～な方」の意味を表す（例文 4）。
　Look at this picture.　Jun is **the taller of the two**.
（この写真を見てください。純は2人のうちで背の高い方です）

(4) **more ～ than ...**　2つのものの同じ性質の比較ではなく、**同一の物[人]の異なる性質を比較する**場合は、-er を用いずに more ～ than ... の形にする。この more は rather（むしろ）の意味。

　Mary is **more** kind **than** gentle.
　　　　　　　↳ kinder としない
（メアリーはおとなしいというよりも親切である）

(5) **to を用いる比較** than の代わりに to で比べる相手を表す形。語尾が -or で終わる形容詞に多い。

> She is three years **junior to** me.
> （彼女は私より3歳年下だ）

= She is three years *younger than* I.

> I **prefer** coke **to** coffee.
> （私はコーヒーよりもコーラの方が好きだ）

= I *like* coke *better than* coffee.

覚え得
- **to を用いる形容詞**
  - senior　（年上の）
  - junior　（年下の）
  - superior　（すぐれた）
  - inferior　（劣った）
  - preferable　（望ましい）
- **to を用いる動詞**
  - prefer　（～の方を好む）

4 最上級を用いた比較

3つ以上のものを比べて，その中で「一番～」と言うとき，〈**the＋最上級＋of [in] ...**〉の形を用いる。形容詞の最上級には必ず **the** をつける。
　　　　　　　　　　　　　　　　└ 副詞の最上級には the がつかないこともある。

基本例文

1□ February is **the shortest of** all the months.
　（2月はすべての月の中で一番短い）

2□ Tom studies **by far the hardest in** the class.
　（トムはクラスの中でずば抜けて一番一生けんめい勉強する）

3□ This is **the most beautiful** castle **that** I have **ever** seen.
　（これは私が今まで見た中で最も美しい城である）

(1) 「…の中で」を表す **of** と **in** の使い分けの原則は次の通り。
　| **of＋複数の名詞**（例文1）… **of** all ～（全部の～の中で），**of** the four ～（4つの～の中で）など
　| **in＋単数の名詞**（例文2）… **in** Japan（日本中で），**in** my family（家族の中で）など

(2) 最上級の意味を強調する語には **by far**（例文2），**much** などがある。
　This CD is **much** the best.　（このCDがずば抜けて一番良い）

(3) 〈**the＋最上級～＋that＋S＋ever ...**〉の形で，「今までに…した中で一番～」という意味を表す（例文3）。

(4) 〈**the second [third] ＋最上級**〉で「2番目に[3番目に]～な」の意味を表す。
　Chicago is **the second largest** city in the States.
　（シカゴはアメリカ合衆国第2の都市です）

(5) 同一の物[人]の性質・状態を比較する場合は，形容詞の最上級でも **the** をつけない。
　The lake is **deepest** at this point.　（その湖はここが一番深い）
　I am **happiest** when I am with her.　（彼女といる時が一番幸せだ）

Q 最上級の表すものは必ず1つですか。

A This is **one of the most exciting games** I've ever watched.
（これは私が今まで見た中で，最も興奮したゲームの1つです）

最上級は単独のものをさすはずですが，英語には〈**one of the**＋最上級＋複数名詞〉の形があります。「最も～なものの1つ」の意味で，「最上級は1つしかない」という日本語の発想とは異なります。

POWER UP

1 old, late, far は2通りの変化形をもつ。

原　級	比較級	最上級
old（年とった）	**older** / **elder**	**oldest** / **eldest**
late（遅い，遅く）	**later** / **latter**	**latest** / **last**
far（遠い，遠く）	**farther** / **further**	**farthest** / **furthest**

(1) elder, eldest は家族内の長幼を示す。
　my **elder** brother　（私の兄）

(2) ｛ later, latest は「(時間が)遅い，遅く」
　　 latter, last は「(順序が)あとの，あとに」

(3) further, furthest は「(程度が)さらに」という場合に用いる。「(距離が)遠く」の意味では farther, further どちらも用いる。

2 less ～ than ...（…ほど～ない）は A＜B の関係を表す。

一方が他方よりも劣っていることを表すとき，〈**less**＋原級＋**than** ...〉の形を用いる。劣等比較と呼ばれ，やや文語的な表現。

He is **less** *clever* **than** his brother.
（彼は兄ほど頭が良くない）
＝He is *not so* clever *as* his brother.

3 〈原級 ⇄ 比較級 ⇄ 最上級〉の言いかえ

(1) Sydney is **the largest** city in Australia.　〈最上級〉
　（シドニーはオーストラリア最大の都市です）
⇄ Sydney is **larger than any other** city in Australia.　〈比較級〉
⇄ **No** (other) city in Australia is **as[so] large as** Sydney.　〈原　級〉

＊〈否定語＋**as[so]**＋原級＋**as** ...〉の構文が最上級を表す形に注意。

Nothing is **as[so]** precious **as** time.
（時間ほど大切なものはない→時間が一番大切）

(2) This is **the longest** bridge **that** I've **ever** seen.　〈最上級〉
　（これは今まで見た中で一番長い橋です）
⇄ I've **never** seen a **longer** bridge **than** this.　〈比較級〉
⇄ I've **never** seen **as[so] long** a bridge **as** this.　〈原　級〉

THE CHECK

☐ ① 「…の — 倍の～」という倍数表現の形を答えなさい。　①→ p.146
☐ ② 「2つのうちの～な方」を表す形を答えなさい。　②→ p.147

テスト直前 これだけは！ 練習問題にチャレンジ

A 次の語の比較級，最上級を書きなさい。
(1) ill　　(2) busy　　(3) noble
(4) early　(5) much　　(6) slowly

Words & Idioms
(6) *slowly* ゆっくりと

B 次の(　)内の語のうち正しい方を選びなさい。
(1) Jim is (taller, the taller) of the two boys.
(2) Mr. Carter is (braver, more brave) than wise.
(3) She always dresses in the (last, latest) fashion.
(4) Natsume Soseki was born in the (later, latter) half of the 19th century.

(2) *brave* 勇敢な
wise [wáiz] かしこい
(4) *the 19th century* 19世紀

C 各組の2文が同じ意味を表すよう，空所に適当な1語を入れなさい。
(1) ｛ Jack is younger than Fred.
　　 Jack is not (　　) old (　　) Fred.
(2) ｛ His position is better than ours.
　　 His position is (　　) to ours.

(2) *position* 地位
ours = our position

D 次の文を(　)内の指示に従って書きかえなさい。
(1) Nothing is so precious as health.
　　(比較級を用いて)
(2) Tom is smarter than any other boy in his class.
　　(原級を用いて，No で始まる文に)
(3) I've never heard a more exciting story than this.
　　(This で始まる文に)

(1) *precious* 貴重な
(2) *smart* かしこい
(3) *exciting* わくわくする

E 次の文を英語になおし，下線部を補いなさい。
(1) 彼は私の2倍のお金をかせぐ。
　　He earns ＿＿＿＿＿＿＿＿＿＿＿＿．
(2) ロンドンの霧は東京よりも濃い。
　　The fog of London ＿＿＿＿＿＿＿＿＿＿．
(3) 彼の作文はクラスの中でずば抜けて一番良かった。
　　His composition ＿＿＿＿＿＿＿＿＿＿．

(1) 「～をかせぐ」 *earn*
(2) 「霧」 *fog* 「(気体などが)濃い」 *thick*
(3) 「作文」 *composition*

考え方

(1)(5) 不規則変化。(2) 〈子音字＋y〉で終わる語。
(4) early は more, most をつけない語。(6) -ly で終わる副詞。

---

(1) of the two が後ろにある。
(2) 同一の人の異なる性質の比較である。
(3) 「彼女はいつも最新流行の服を着ている」の意味。
(4) 「夏目漱石は19世紀の後半に生まれた」の意味。「～の後半」を表すのはどちらか。

---

(1) 「～よりも若い」→「～ほど年をとっていない」という書きかえ。
(2) あとの to に着目。「～よりすぐれた」の意味を表す形容詞を入れる。

---

(1) Health で始めると than のあとは anything else (他のどんなもの) になる。
(2) 〈否定の主語＋ as [so] ＋原形＋ as ...〉の形。
(3) 「これは今まで聞いた中で一番わくわくする話です」とする。〈the ＋最上級～＋ that ＋ S ＋ ever ...〉の形。

---

(1) 「2倍」twice を as ～ as ... の前につける。
(2) 「東京よりも」→「東京の霧よりも」と考える。than Tokyo ではなく，than that [= the fog] of Tokyo とする。
(3) 「ずば抜けて」は by far あるいは much を最上級の前におく。

答

(1) worse, worst   (2) busier, busiest
(3) nobler, noblest   (4) earlier, earliest
(5) more, most   (6) more slowly, most slowly

---

(1) the taller
(2) more brave
(3) latest
(4) latter

---

(1) as [so], as
(2) superior

---

(1) Health is more precious than anything else.
(2) No other boy in his class is as [so] smart as Tom.
(3) This is the most exciting story that I have ever heard.

---

(1) (He earns) twice as much money as I do.
(2) (The fog of London) is thicker than that of Tokyo.
(3) (His composition) was much [by far] the best in the class.

20 前置詞

山椒(さんしょう)は小粒でもピリリと辛(から)い —— 前置詞の働き

イメージを描こう

健一：オーストラリアから来ているティムは日本語がうまくなったね。

卓也：そう、びっくりするくらいだ。でも、「てにをは」がまだむずかしいらしいよ。この間もテニスをしていたら、「卓也、今度は、君をしよう」っていうんだ。はじめ何のことかわからなかったけど、「君としよう」のことだったんだ。あれを間違えると変だね。

健一：そうだね。ところで、英語にも日本語の助詞に似た言葉があるだろう。間違ったり、抜かしたりすると、つじつまの合わない変な意味になるのが。

前置詞を間違えると…

卓也：前置詞だろ。ぼくはよく失敗するんだ。先日、ティム君と話をしていると、"My brother left Sydney." と聞こえ、「お兄さんが日本にやって来る」と思い込んで話をつづけていたら、話がかみ合わないんだ。実は "My brother left for Sydney." と言ったらしく、「お兄さんがオーストラリアに帰った」ということだったんだ。

健一：僕も気をつけないといけないな。for があるとないとで意味が逆になってしまう。英語の前置詞は日本語の助詞の「てにをは」と比べると、言葉と言葉をつなぐだけではなく、1つ1つがいろいろな意味を持っているからね。それに名詞とくっついて形容詞句や副詞句に変身したりするから大変だ。「山椒は小粒でもピリリと辛い」んだ。

1 前置詞の働き

前置詞は単独では用いられず，名詞や代名詞・動名詞などの前に置かれる。

前置詞＋名詞[代名詞・動名詞など]

という語のまとまりが，形容詞や副詞の働きをする。つまり，形容詞句・副詞句として働く。

基本例文

1. □ The *book* **on** the desk is 'Treasure Island.' 〈形容詞句〉
   （机の上の本は「宝島」です）
2. □ The book is **of** great interest. （その本はとてもおもしろい）〈形容詞句〉
   S V C
3. □ I *bought* it **in** London last year. （私は昨年それをロンドンで買った）〈副詞句〉

(1) **形容詞句の働き**
   ① 名詞のあとについて名詞を修飾する（例文1）。
   ② 〈**of** ＋形容詞＋名詞〉などの形で補語になる（例文2）。
   （例文2）　**of** great interest ＝ very interesting

〈**of** ＋抽象名詞〉で形容詞の働きをするんだ。**of** interest ＝ interesting だよ。

(2) **副詞句の働き**　動詞・形容詞・副詞を修飾する（例文3）。
   My mother gets up *early* **in** the morning. （母は朝早く起きます）
   　　　　　　　　　　副詞

前置詞の目的語

前置詞のあとにおかれる語句のこと。次のような語句である。

(1) 名詞・代名詞（例文1〜3）
   Come along **with** *me*. （私といっしょに来なさい）
   　　　　　　　　代名詞
   with me の me のように，前置詞のあとにくる人称代名詞は必ず**目的格**である。

(2) 動名詞
   She left **without** *saying* anything. （彼女は何も言わずに去った）
   　　　　　　　　　動名詞

(3) 名詞節（名詞の働きをする節）
   The story is **about** how Robinson lived alone.
   　　　　　　　　　　　名詞節
   （その物語はロビンソンがひとりでどのように暮らしたかについて書いてある）

Q 前置詞のあとに他の前置詞がつくことがあるのですか。

A はい，特に from にたくさんあります。前置詞 from のあとには他の前置詞で始まる句がきたり，副詞だけがくることもあります。

　A cat came out **from** **under** the table. （ネコがテーブルの下から出てきた）

　from here （ここから）　／　**from** abroad （外国から）
　　　　副詞　　　　　　　　　　　　　副詞

20 前置詞

2 場所・方向を表す前置詞

(1)
at	(〜に, 〜で)	⇨ 地点, あるいは比較的狭い場所
in	(〜に, 〜で)	⇨ 比較的広い場所

I bought some CDs **at** a record shop **in** New York.
(ニューヨークのレコード店でCDを何枚か買った)

(2)
in	(〜の中に, 中で)	⇨ 位置を表す
into	(〜の中へ)	⇨ **外から内へ**の運動
out of	(〜の外へ, 外で)	⇨ **内から外へ**の運動（into の反対）

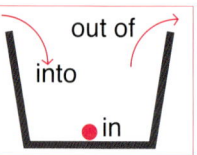

They are watching TV **in** the room. （彼らは部屋でテレビを見ている）
My father came **into** the room suddenly. （父が突然部屋の中に入ってきた）
Bill went **out of** the room. （ビルは部屋から出ていった）

(3)
on	(〜の上に)	⇨ **接触**している場合。上に限らず, 下・横の接触面にも用いる。
above	(〜の上方に) ⟷ below (〜の下方に)	⇨ 離れている状態
over	(〜の真上に) ⟷ under (〜の真下に)	⇨ 離れている状態
up	(上へ) ⟷ down (下へ)	⇨ 運動を表す

There's a picture **on** the wall. （壁に絵がかかっています）
Look at the plane **above** the tower. （タワーの上空の飛行機を見てごらん）
The moon is **over** the tree. （月がその木の真上に出ています）
The sun is setting **below** the horizon. （太陽が地平線下に沈むところです）
I had lunch **under** the tree. （私は木の下で弁当を食べた）

- over the mountain
- above the mountain
- toward the west
- across the river
- along the river
- behind a man
- by the river

(4)
along	(〜に沿って)	⇨ 長い物に平行して
across	(〜を横切って，〜の向こうに)	⇨ 横断
through	(〜を通り抜けて)	⇨ 貫通

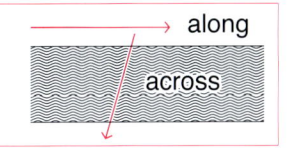

We walked **along** the street. （私たちは通りを歩いた）
He walked **across** the bridge. （彼はその橋を渡った）
The train went **through** the tunnel. （列車がトンネルを抜けた）

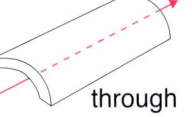

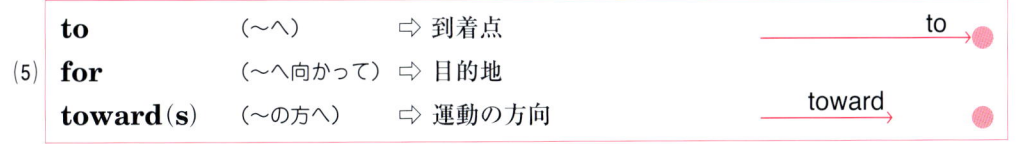

(5)
to	(〜へ)	⇨ 到着点
for	(〜へ向かって)	⇨ 目的地
toward(s)	(〜の方へ)	⇨ 運動の方向

Tim came **to** Japan last year. （ティムは昨年日本に来た）
He left **for** Paris yesterday. （彼は昨日パリに向かった）
The dog ran **toward** the woods. （犬は森の方へ走っていった）

(6)
between	（〔2者の〕間に）	among	（〔3者以上の〕間に）
round [around]	（〜のまわりを，〜のまわりに）		
in front of	（〜の前に）	behind	（〜の後ろに）
by / beside	（〜のそばに）	near	（〜の近くに）

I sat **between** Kate **and** Yoko. （私はケイトと陽子の間に座った）
The teacher sat **among** the students. （その先生は生徒たちの真ん中に座った）
The earth moves **around** the sun. （地球は太陽のまわりを回る）
Please sit **in front of** me. （私の前にお座りください）
She hid herself **behind** the curtain. （彼女はカーテンの後ろに隠れた）

20 前置詞

3 時を表す前置詞

(1)
at	（〜に）	⇨ 時刻，時の一点
on	（〜に）	⇨ 日や曜日
in	（〜に）	⇨ 日・季節・年など比較的長い期間；午前，午後

at seven（7時に） **at** noon（正午に） **at** the end of March（3月の末に）
on Tuesday（火曜日に） **on** June 4（6月4日に） **on** Christmas Day（クリスマスに）
in July（7月に） **in** summer（夏に） **in** 2014（2014年に）

注意「午前，午後」を表すには in を用いて in the morning [afternoon] とするが，「特定の日の午前，午後」は **on** Friday afternoon（金曜日の午後）のように，on を用いる。
on the morning of May 5（5月5日の朝に）

(2)
| by | （〜までには） | ⇨ 動作・状態が**完了する期限** |
| till[until] | （〜まで） | ⇨ 動作・状態の**継続** |

I must finish the work **by** Friday. （金曜日までに仕事をすまさなければならない）
I'll stay here **until** Friday. （金曜日までここにいます）

(3)
| in | （〜たてば） | ⇨ 時の経過，所要時間を表す |
| within | （〜以内に） | ⇨ 一定の期間内を表す |

I'll come back **in** a week. （1週間すれば帰ってきます）
Hand me the report **within** a week. （1週間以内にレポートを提出しなさい）

(4)
| since | （〜以来） | ⇨ 過去から現在までの継続 |
| from | （〜から） | ⇨ 時の起点 |

He has been sick **since** last Saturday. （彼はこの前の土曜日からずっと病気です）
The party lasted **from** 7 **to** 11. （パーティーは7時から11時まで続いた）

(5)
for	（〜の間）	⇨ 期間を表す語句を伴う
during	（〜の間じゅう，〜の間に）	⇨ 特定の期間を表す語句を伴う
after	（〜のあとに） ⟷ before	（〜の前に）

He was away from school **for** three days. （彼は3日間学校を休んだ）
I went to the seaside three times **during** the summer holidays.
（夏休みの間に3回海に行きました）
I washed the dishes **after** the party. （私はパーティーがすんでから皿を洗った）

POWER UP

1 「時」「場所」以外の意味を表す前置詞を覚えよう。

(1) 手段・方法を表す前置詞

I go to school **by** train.
（私は電車通学です）

I wrote a letter **with** a ball-point pen. （ボールペンで手紙を書いた）

Let's speak **in** English. （英語で話そう）

We talked **on** the phone.
（私たちは電話で話をした）

(2) 原因・理由・関連を表す前置詞

They were glad **at** the news.
（彼らはその知らせを聞いて喜んだ）

He is in bed **with** cold.
（彼は風邪で寝ている）

My uncle died **of** a heart attack.
（おじは心臓発作で死んだ）

I read **about** the accident in the paper. （私は新聞でその事故について読んだ）

(3) 付帯状況などを表す前置詞

I met a girl **with** blue eyes.
（僕は青い目の女の子に会った）

He stood **with** a book under his arm. （彼は本を脇に抱えて立っていた）

＊**with** ⟷ **without** の関係がある。

I cannot imagine life **without** her.
（彼女がいない生活なんて考えられない）

(4) その他の前置詞

My mother looks young **for** her age.
（母は年のわりには若く見える）

I met a woman **in** white.
（私は白い服を着た婦人に出会った）

The rain changed **into** snow.
（雨は雪に変わった）

They rent the car **by** the hour.
（彼らは時間単位で車を貸している）

Are you **for** or **against** his plan?
（彼の計画に賛成ですか，反対ですか）

2 2つ以上の語句が1つの前置詞の働きをすることがある〔群前置詞〕。

The game was called **because of** rain.
（試合は雨のためコールドゲームになった）

We were late **owing to** the fog.
（我々は霧のために遅れた）

They went on **in spite of** the storm.
（彼らは嵐にもかかわらず前進した）

thanks to 〜	〜のおかげで
according to 〜	〜によれば
instead of 〜	〜の代わりに
as for 〜	〜はどうかと言えば
in front of 〜	〜の前に
by means of 〜	〜によって〔手段〕

THE CHECK

☐ ① I spoke to (he, him). ←(　)内からどちらかを選びなさい。　①→ p.153
☐ ② into（〜の中へ）の反対の意味を表す前置詞は？　②→ p.154
☐ ③ (1) I'll stay here (　　) Friday. （金曜日までここにいます）
　　　(2) I'll come back (　　) Friday. （金曜日までには帰ってきます）　③→ p.156
　　　←(　)内に適当な前置詞を入れなさい。

テスト直前 これだけは！ 練習問題にチャレンジ

Words & Idioms

A 次の文の空所に適当な前置詞を入れなさい。

(1) We got into the house (　　　) the window.
(2) Come out (　　　) under there, will you?
(3) We met (　　　) the evening of May 2nd.
(4) What do you want to be (　　　) the future?
(5) He came to see you (　　　) your absence.

(5) *ábsence*
不在，留守

B 文意が通じるように，(1)～(4)と(ア)～(エ)を組み合わせなさい。

(1) I wonder where Ann is. I haven't seen her (　　　).
(2) We drank tea (　　　).
(3) We'll have time (　　　) this morning.
(4) His advice is (　　　) to me.

(ア) for a short walk
(イ) since our quarrel
(ウ) of great importance
(エ) between two and three

(4) *advice* [ədváis]
忠告
(ウ) of great importance
＝very important

C 次の英文を日本語になおしなさい。

(1) Helen is often absent from school because of illness.

(2) According to the Bible, God created the world in six days.

(3) Thanks to his help, I escaped the danger.

(2) *the Bible*
聖書
create [kri:éit]
～を創造する
(3) *thanks to* ～
～のおかげで
escape
逃れる

D 日本文に合うように，(　　　)内の語句を並べかえなさい。

(1) 手に帽子を持っている女の子を見てごらんなさい。
Look at (with / a hat / in / the girl / her hand).

(2) 私たちの町は新しい高速道路によって東京と結ばれる。
Our town (of / Tokyo / a new expressway / with / be connected / means / will / by).

(2) 「高速道路」
expressway

Check your Answers, OK?

考え方

(1) 「窓から」は through the window。from を用いると誤り。
(2) 二重前置詞の **from under ～**（～の下から）。
(3) 特定の日の夕方だから in ではなく **on**。
(4) 「将来において」 **in the future**
(5) **during ～'s absence** で「～の留守中に」。

答

(1) through
(2) from
(3) on
(4) in
(5) during [in]

---

(1)+(イ) アンはどこにいるのかしら。口げんかをしてから彼女を見ていない。
(2)+(エ) 私たちは2時と3時の間にお茶を飲んだ。
(3)+(ア) 今朝は少し散歩をする時間があるだろう。
(4)+(ウ) 彼の忠告は私にとって大変重要です。

(1) (イ)
(2) (エ)
(3) (ア)
(4) (ウ)

---

(1) **be absent from ～** 「～を欠席する」
　　because of ～ 「～のために」〔理由〕
(2) **according to ～** 「～によれば」
　　in six days の **in** は「～の期間内に」の意味。

(1) ヘレンは病気のためによく学校を休む。
(2) 聖書によれば，神は世界を6日で創造したそうだ。
(3) 彼が助けてくれたおかげで，私はその危険を逃れた。

---

(1) 付帯状況を表す with ～の句を the girl のすぐあとに続ける。
(2) 「～によって」は **by means of ～** で表す。

(1) (Look at) the girl with a hat in her hand.
(2) (Our town) will be connected with Tokyo by means of a new expressway.

20 前置詞　159

21 接続詞

言葉と言葉，文と文をつなぐ接着剤

イメージを描こう

〔A〕の場面では，王様と王様が攻守同盟を結んでしっかり握手をしています。2人の立場はまったく対等で，2人の間には主従の関係はありません。

一方，〔B〕の場合では騎士が女王にかしずいています。騎士は敬愛する女王のためにすべてを捧げてつくすと誓うのです。2人の間柄はあくまでも主従の関係で，対等の関係ではありません。

この2つの絵は人と人の結びつきを表していますが，実は言葉と言葉の結びつきを考える場合も同じことが言えます。

言葉と言葉，文と文をつなぐ場合，接着剤として「接続詞」が必要です。接続詞は，列車の連結器と考えてもよいでしょう。

接続詞には2種類ある

英語の接続詞には，等位接続詞と従属接続詞の2種類があります。

〈等位接続詞〉 語[句]と語[句]，文と文を対等につなぐ接続詞で，日本語の接続詞の「そして」「しかし」などとだいたい同じです（➡ p.161）。

〈従属接続詞〉 この接続詞は，文と文をつなぐのに用いられますが，文と文を対等につなぐのではなくて，「主と従」の関係でつなぎます。この接続詞は日本語の接続詞とはちょっと違いますし，種類もたくさんあります。また，等位接続詞と違って，語[句]と語[句]を結びつける働きはありません（➡ p.162）。

1 等位接続詞 —— and, but, or など

よく使われる等位接続詞は次の5つである。等位接続詞で結ばれた文を**等位節**という。

and（～と…，そして～）　　**but**（～だが，しかし～）　　**or**（～かまたは…）
so（それで～）　　**for**（というのは～）

Tom **and** I are good friends.（トムと私は良い友だちです）　　〈語＋語〉
Did you come by bus **or** by subway?　　〈語句＋語句〉
（君はバスで来たのですか，それとも地下鉄で来たのですか）
I failed, **but** I'll try again.（失敗したが，もう一度やってみます）　　〈文＋文〉

基本例文

1□ I am studying **and** my mother is cooking.
（私は勉強している，そして母は料理をしている）

2□ She stood up with a smile **but** with tears in her eyes.
（彼女はにっこりとして，だが目に涙を浮かべて立ち上がった）

3□ Which do you like better, soccer **or** rugby?
（サッカーとラグビーとではどちらが好きですか）

and, but, or を含む次の表現に注意しよう。

(1) and は同じ語を結んで**意味を強める**。

　Peter **ran and ran**.（ピーターは走りに走った）

(2) but は他の語と相関的に用いられる。

　① **not A but B**　（**A** ではなくて **B**）

　　His family name is **not** Smith **but** Smythe.
　　（彼の姓はスミスではなくてスマイズです）

　② **Indeed [It is true] ～ but ...**　（なるほど～だが…）

　　It is true he is handsome, **but** he is not bright enough.
　　（なるほど彼はハンサムだが，才気に乏しい）

　③ **not only A but (also) B**　（**A** ばかりでなく **B** も）

　　He **not only** goes to college, **but** (**also**) works part-time.
　　（彼は大学に行っているだけでなく，アルバイトもしている）

　also は省略されることがある。B as well as A で書きかえられるが，語順に注意が必要。
　＝ He works part-time **as well as** goes[going] to college.

(3)
| 命令文＋, and ...　（～しなさい，そうすれば…）　＝ If ～, ... |
| 命令文＋, or ...　　（～しなさい，さもないと…）　＝ If ～ not, ... |

テストに出るぞ！

21 接続詞　**161**

Practice every day, and you'll *make progress.
（毎日練習しなさい，そうすれば上達するでしょう）*make progress　上達する

= **If** you practice every day, you'll make progress.

Hurry up, **or** you'll miss the last train.
（急ぎなさい，そうしないと終電車に乗りそこなうよ）

= **If** you **don't** hurry up, you'll miss the last train.

> **Q** for と because の違いは何ですか。
>
> **A** for は文語体で，口語ではあまり使いません。また，前に述べた内容の理由を付加的に述べる接続詞なので，文頭におきません。口語では because を使います。
> It's going to rain, **for** it's getting dark.（雨が降るでしょう。暗くなってきたから）〔文語〕
> It's going to rain **because** it's getting dark.（暗くなってきたから雨が降るよ）〔口語〕

2　従属接続詞 ── that, when など

文と文を〈主＋従〉または〈従＋主〉の関係で結ぶ接続詞である。従属接続詞で始まる節は，文の主要素になったり，主となる節を修飾したりする。

1　文の主要素になる場合…名詞節

Fred told me. + He wanted to live in Japan.
Fred told me [主] **that** he wanted to live in Japan. [従]
　　S　V　O　　　　　　　　　O
（フレッドは私に日本に住みたいと言った）

接続詞 that で始まる節が，**文の主要素**（目的語）になっていることに着目。この節は名詞と同じ働きをするので，名詞節とよばれる。名詞節を導く接続詞には **that**（～ということ）のほかに **if, whether**（～かどうか）がある。

2　主となる節を修飾する場合…副詞節

He came [主] **when** I was having supper. [従]（彼は私が夕食をとっているときにやって来た）

接続詞 when で始まる節は，前の文の動詞を修飾する副詞の働きをしている。このような節を副詞節といい，時・理由・条件などさまざまな意味を表す。副詞節を導く接続詞は when, because, if など数多い（➡くわしくは p.164 以降）。

注意 that や when など従属接続詞で始まる節を**従属節**という（名詞節や副詞節などが従属節）。また，主となっている節を**主節**という。

従属節は主節のあとだけではなく，主節の前に来ることもある。
（上の例文）= **When** I was having supper, [従] he came. [主]

3 名詞節を導く that, if [whether]

基本例文

1. ☐ She taught us **that** reading poetry is fun. 〈目的語〉
   (彼女は私たちに詩を読むのは楽しいということを教えてくれた)
2. ☐ I don't know **if** [**whether**] Ms. Green will come. 〈目的語〉
   (私はグリーン先生が来るかどうか知らない)
3. ☐ The question is **whether** Mr. Suzuki will support us. 〈補 語〉
   (問題は鈴木さんが私たちを支持してくれるかどうかだ)

1 that

that は「〜(する)ということ」の意味で，後に名詞節を導く。that 節は文中で**目的語**(例文1)・**補語**の働きをする。that 節が目的語・補語のとき，that はよく省略される。

What I want to say is **that** you should work hard. 〈補語〉
(私が言いたいことは，君はしっかり勉強するべきだということです)

that 節が文頭に来て，**主語**になることもある。この形は主語が長すぎるので，ふつうは**形式主語の It** を使い，〈**It is ＋形容詞[名詞]＋that 節**〉の形で that 節を後にまわす。

That Jane wasn't killed in the traffic accident was a miracle.
(ジェーンがその交通事故で亡くならなかったのは奇跡だった)
= **It** was a miracle **that** Jane wasn't killed in the traffic accident.

2 if, whether

接続詞 **if, whether** は「〜かどうか」の意味を表し，**名詞節**を導く。

(1) **if** 〜は主に**動詞の目的語**になる(例文2)。
(2) **whether** 〜は目的語として用いられるほか，**主語**，**補語**(例文3)になる。〜 or not を伴うことも多い。

注意 whether を if で代用できない場合

(1) 主語・補語になるとき
   Whether the concert will be held **or not** is uncertain.
   (コンサートが開かれるかどうかははっきりしてない)
   × *If* the concert will be held〜
   形式主語 it を文頭において，真主語を後におくならば，口語では if 節も用いられることがある。
   = It is uncertain **whether** [**if**] the concert will be held or not.

(2) 前置詞の目的語になるとき
   I had a long talk with my father *about* **whether** I should study *abroad*.
   (私は父と私が留学するかどうかについて長い間話し合った)

(3) 不定詞が後に続くとき
   You have to decide **whether** *to go* or *stay*.
   (あなたは行くべきか，とどまるべきかを決めなければならない)

4 いろいろな意味を表す副詞節

副詞節は，その節を導く接続詞に応じて，時・理由・条件・譲歩などさまざまな意味を表す。

1 「時」を表す副詞節

when（〜するとき），**while**（〜する間に），**as**（〜するとき，〜しながら，〜するにつれて）
till（〜するまで），**after**（〜したあとで），**before**（〜する前に），**since**（〜以来）
as soon as 〜（〜するやいなや），**once** 〜（いったん〜すると） など

基本例文

1 □ You must not watch TV **while** you are eating.
　　（食事中にテレビを見てはいけません）

2 □ Will you wait here **till** she comes?
　　（彼女が来るまでここで待ってくれませんか）

3 □ **As soon as** he sat down, he picked up the telephone.
　　（座ると彼はすぐに受話器をとった）

I'll play tennis with Tom **after** I finish my homework.
（宿題が終わってからトムとテニスをしよう）

You have to get home **before** it gets dark.
（暗くなる前に帰ってきなさい）

Once you visit Canada, you'll understand why I like it.
（1度カナダに行けば，私がカナダを好きな理由がわかるでしょう）

次の表現に注意しよう。

(1) **It is not until 〜 that ...**　（〜して初めて…）

　It was not until I came to Osaka **that** I learned it.
　　（大阪に来て初めて私はそれを知った）

(2) **It is not 〜 before ...**　（〜かからないうちに…する）

　It was not long **before** they came back.　（まもなく彼らは帰ってきた）

(3) { **no sooner 〜 than ...**
　　 hardly [scarcely] 〜 when [before] ... }　（〜するやいなや…）

as soon as 〜と同じ意味を表す。過去の事柄について述べることが多く，その場合 no sooner 〜，hardly [scarcely] 〜の節は過去完了形になることが多い。

（例文 3）→ He had **no sooner** sat down **than** he picked up the telephone.
　　　　　　　　　↳過去完了　　　　　　　　　　　↳過去

また，次のように否定語が文頭に出ると，had が主語より前に出る。

（例文 3）→ **Hardly** had he sat down **when** he picked up the telephone.

⑷ **every time ~**（～するたびに）；
　by the time ~（～するまでに）

Every time I see this picture, I feel like going to Switzerland.
（この写真を見るたびに，スイスへ行きたくなる）

By the time my brother had finished the homework, it was after midnight.
（弟が宿題を終えるまでに，真夜中が過ぎていた）

注意 時・条件を表す副詞節では，未来のことを表すのに現在形，または現在完了形が用いられる（→p.45, p.211）。

I will leave **as soon as** I have finished my coffee.
（コーヒーを飲んだらすぐに出発します）

② 「理由」「目的」などを表す副詞節

原因・理由	**because, as, since**（～なので）；**now (that) ~**（[今]や～なのだから）など
目　的	**so that ~ can [may, will** など**] ...**（～が…できる[する]ように），**lest [for fear] ~ should ...**（～が…しないように）など
結　果	**so [such] ~ that ...**（非常に～なので…），**, so (that)...**（それで…）

基本例文

1□ I don't eat any sweets **because** I'm on a diet.　　〈原因・理由〉
　（ダイエット中なので甘いものは何も食べません）

2□ Bill studies hard **so that** he **can** win a scholarship.　　〈目　的〉
　（ビルは奨学金をもらうために一生けんめい勉強している）

3□ He was **so** tired **that** he went to bed soon.　　〈結　果〉
　（彼はとても疲れていたので，すぐに寝た）

⑴ 「原因・理由」を表す副詞節（例文1）

As she is shy, she can't make friends easily.
（彼女は内気だから，簡単には友達ができない）

Since Monday is Bob's birthday, we'll give him a party.
（月曜日はボブの誕生日だから，パーティーを開いてやるつもりです）

Now (**that**) everyone is here, let's start.
（さあ皆が来たから，出発しよう）

⑵ 「目的」を表す副詞節（例文2）

so that ~ の代わりに in order that ~ も用いられる。

（例文2）→ Bill studies hard **in order that** he **may** win a scholarship.

We ran all the way **for fear** (**that**) we **should** be late.
（私たちは遅れないようにずっと走っていった）

= We ran all the way **lest** we **should** be late. 《文語的》

= We ran all the way **so that** we **would not** be late.

in case ～ は「～するといけないから」の意味を表す。

I phoned him **in case** he knew nothing about the accident.
（彼がその事故のことを何も知らないといけないと思って、私は彼に電話した）

(3) **「結果」**を表す副詞節（例文 3）

It was **such** a rainy night **that** they decided to stay home.
（ひどい雨の晩だったので、彼らは家にいることに決めた）

It was quite windy, **so** (**that**) we had to button our coats up.
（とても風が強かった。それで、コートのボタンをかけなければならなかった）

➡ ～, so that ... は前の文を受けて、「それで…」の意味を表す。コンマを忘れないこと。

❸「条件」「譲歩」を表す副詞節

条件	**if**（もし～なら），**unless**（もし～でないなら），**as [so] long as ～**（～する限りは）
譲歩	**though [although]**（～だけれども），**even if [though]**（たとえ～としても） **whether ～ or ...**（～であろうと…であろうと），**no matter＋疑問詞**（たとえ～でも）

基本例文

1□ **If** it snows tomorrow, I will go skiing. 〈条　件〉
　　（あす雪が降れば、スキーに行こう）

2□ **Though** I don't like the medicine, I must take it. 〈譲　歩〉
　　（その薬はきらいだけど、飲まなければならない）

3□ **Even if** it rains, I will come. 〈譲　歩〉
　　（たとえ雨が降っても、私は参ります）

(1) **「条件」**を表す副詞節（例文 1）

You will never master the guitar **unless** you practice.
（練習しないとギターはマスターできないよ）
　　　　　　　　　　　　　　　　　　↳ ＝if you do not practice

You can stay here **as** [**so**] **long as** you keep quiet.
（静かにしていえすれば、ここにいてよろしい）

注意 条件を表す in case

in case が「もし～ならば」の意味を表すことがある。

Please walk the dog **in case** I don't come back early.
（もし私が早く帰らなかったら，犬の散歩をお願いします）

(2) 「譲歩」を表す副詞節（例文 2，3）

My father goes to play golf **whether** it rains **or** snows.
（父は雨が降ろうが雪が降ろうがゴルフをしに行く）

No matter how fast you run, you won't *catch up with him.
（どんなに速く走っても，君は彼に追いつかないだろう）*catch up with ～ ～に追いつく

➡ no matter who［what, how など］～ は whoever［whatever, however など］～ という複合関係詞で言いかえられる（➡p.263）。

（例文）➡ **However** fast you run, you won't catch up with him.

My mother gets up at five, **no matter what** time she goes to bed the night before.
（前夜何時に寝ようとも母は 5 時に起きる）

no matter who(m) ～	（たとえだれが[を]～しても）	＝who(m)ever ～
no matter what ～	（たとえ何が[を]～しても）	＝whatever ～
no matter which ～	（たとえどちらが[を]～しても）	＝whichever ～
no matter where ～	（たとえどこで[へ]～しても）	＝wherever ～
no matter when ～	（たとえいつ～しても）	＝whenever ～
no matter how ～	（たとえどんなに～しても）	＝ however ～

注意 「譲歩」を表す as

〈形容詞[副詞]＋as ＋S ＋ V〉の形で，「～だけれども」の意味を表す。ただし，文語体である。

Young as he is, he is wise.
（彼は若いが知恵がある）
＝ Though he is young, he is wise.

THE CHECK

□ ① 次の接続詞を等位接続詞と従属接続詞に分けなさい。
　　when, but, that, if, or, and, because
□ ② 〈命令文＋, or ...〉の意味を答えなさい。
□ ③ now that ～ の表す意味を答えなさい。

① → p.161～p.166
② → p.161
③ → p.165

テスト直前 これだけは！ 練習問題にチャレンジ

A 次の文の空所に and, or, but のいずれかを入れなさい。
(1) She sang the same song again (　　　) again.
(2) I wanted to say something, (　　　) I remained silent.
(3) She is not only a writer (　　　) also an artist.
(4) Slow down your car, (　　　) you'll be killed in a car accident.

Words & Idioms
(2) *remain silent* 黙ったままでいる
(4) *slow down* スピードを落とす
be killed 死ぬ

B 次の文の空所に，下の〔　〕から適語を選んで入れなさい。
(1) (　　　) it was pouring, the boys went to school.
(2) I had never been in London (　　　) I was eighteen.
(3) The sea was so rough (　　　) the boat couldn't get into harbor.
(4) The house was on fire, (　　　) the heater had overturned.
(5) She never speaks a word (　　　) spoken to.
　　〔because / that / unless / though / till〕

(1) *pour* （雨が）激しく降る
(3) *rough* （海が）荒れた
harbor 港
(4) *on fire* 火事になって
overtúrn ひっくり返る

C 次の英文を日本語になおしなさい。
(1) He ran home so that he wouldn't be caught in a shower.
(2) Hardly had she started dinner when her cell phone rang.
(3) A habit is difficult to shake off once it is formed.

(1) *be caught in ~* ～にあう
shower 夕立
(3) *habit* 習慣，くせ
shake ~ off ～を治す
form （習慣などを）身につける

D (　　)内の語句を用いて，次の文を英語になおしなさい。
(1) まっすぐ行きなさい，そうすれば川に出ます。(and)
(2) 道に迷うといけないから，地図を持って行きなさい。(in case)
(3) 彼は非常に速く話したので，私は理解できなかった。(so ~ that)

(1)「まっすぐ行く」
go straight on
「～に出る」
come to ~
(2)「道に迷う」
get lost

168　PART1　基本編

Check your Answers, OK?

考え方

(1) 「何度も何度も」と意味を強めている。
(2) 文の前半と後半が逆の内容を表している。
(3) not only A but also B 「A だけでなく B も」
(4) 命令文である点に着目。「～しなさい，さもないと」とすると意味が通じる。

答

(1) and
(2) but
(3) but
(4) or

---

(1) 「どしゃ降りだったが，少年たちは学校へ行った」の意味。前半と後半が逆の内容である。
(2) 「私は18歳になるまでロンドンへ行ったことがなかった」の意味。
(3) 「海が非常に荒れていたので，船は入港できなかった」の意味。so rough の so に着目。
(4) 「その家は燃えていた。ヒーターがひっくり返ったからだ」の意味。
(5) 「彼女は話しかけられないと決して話さない」の意味。(she is) spoken to と補って考える。

(1) Though
(2) till
(3) that
(4) because
(5) unless

▲ロンドンの近衛兵

---

(1) **so that ~ wouldn't ...**（～が…しないように）の**目的**を表す文。
(2) **hardly ~ when ...**（～するとすぐに…）の文。as soon as でいいかえると
　　As soon as she started dinner, her cell phone rang. となる。
(3) **once** は「いったん～すると」の意味を表す接続詞。**be difficult to ~**「～しにくい」

(1) 彼は夕立にあわないように家まで走った。
(2) 彼女が夕食を食べ始めるとすぐ，彼女の携帯電話が鳴った。
(3) くせはいったんついてしまうと，治しにくいものだ。

---

(1) 「～しなさい，そうすれば」だから，〈命令文 ＋ , and ...〉の形。
(2) 「～するといけないから」**in case ~**
　　「～を〔あなたの身につけて〕持っていく」**take ~ with you**
(3) 「非常に～なので…」は **so ~ that ...** の形。

(1) Go straight on, and you will come to the river.
(2) Take the map with you in case you get lost.
(3) He spoke so fast that I could not understand him.

22 時制の一致；話法
主節と従属節の動詞の時制に敏感になろう

イメージを描こう

真穂：英語って変ね。言葉どおり訳したのに，先生がダメだというのよ。

卓也：そんなことはないだろう。

真穂：He said he was a doctor. を「彼は医者だったと言った」と訳したの。

卓也：そりゃまずいよ。日本語の勉強不足だな。この日本語なら，彼が発言したとき，彼は医者をやめているよ。

真穂：あっ，そうか。

He said, "I am a doctor."
→He said he was a doctor.

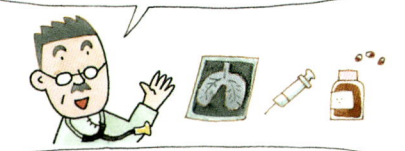

He said, "I was a doctor."
→He said he had been a doctor.

時を平行移動する

数学の時間に「平行移動」という言葉を聞いたことがありますね。

英語の時制はまさにこの平行移動です。主節の時制が過去形に変わると，従属節の時制も自動的に過去形や，過去完了形になります。

英語の世界
―― 英語の時制は平行移動

現在形　He says he is a doctor.
　　　　　　　現在形　　現在形
　　　　　　　　↓　　　　↓
過去形　He **said** he **was** a doctor.
　　　　　　　過去形　　過去形

日本語の世界
―― 最後の動詞だけが過去形になる

彼は医者だと言う。
　　現在形　現在形
　　　↓　　　↓
彼は医者だと言った。
　そのまま　過去形

1 時制の一致の考え方

英語では、主節の動詞が過去形になると、従属節の動詞も過去形または過去完了形になる。これを**時制の一致**という。

基本例文

1. She *says* that she *is* fine. （彼女は元気だと言っている）
   She **said** that she **was** fine. （彼女は元気だと言った）
2. I *think* he *will* pass the exam. （彼は試験に受かると思う）
   I **thought** he **would** pass the exam. （彼は試験に受かると思った）
3. He *says* that he *was* sick. （彼は病気だったと言う）
   He **said** that he **had been** sick. （彼は病気だったと言った）

1 時制の一致の法則

主節の時制	従属節の時制		
現在形 ↓ 過去形	現在形 ↓ 過去形 （例文1）	will ～ （未来） ↓ would ～ （例文2）	過去形・現在完了形 ↓ 過去完了形 （例文3）

(1) 従属節が**主節と同じ時制**の場合

　上記例文1では、主節の動詞(says)と従属節の動詞(is)のどちらもが現在形で表されている。主節の動詞が過去形(said)になると、従属節の動詞もそれに合わせて過去形(was)に変わる。

　日本語の場合は、過去の内容でも動詞それぞれに過去形を使ったりしない。「元気だと言っている／元気だと言った」のように、現在の文でも過去の文でも言う内容は同じ形で表している。

(2) 従属節が**主節より以前**の場合

　例文3では、従属節の「病気だった」のは過去のことだが、そう「言う」のは現在である。だから、**was sick** は**過去形**で、**says** は**現在形**で表す。一方、その下の例文では、「言った」のは過去のことだが、「病気をした」のはそれより以前のことになる。だから、**said** は**過去形**、**had been** sick は**過去完了形**を用いて、時制のずれを示している。

> **注意** (1) 時制の一致を考えるのは、**主節の動詞が過去のとき**。主節が現在・現在完了・未来なら、従属節の時制は何でもよい。
> (2) 従属節に助動詞がある場合は、その助動詞を変化させる（例文2）、will→would。ただし、must は変化しない。

2 時制の一致の例外

時制の一致の法則が適用されない場合がある。従属節の内容が次の場合である。

(1) **一般的真理** ⇨ 従属節の動詞は**現在形のまま**。

We *learn* that the sun *rises* in the east. （太陽は東から昇ると習う）
We **learned** that the sun **rises** in the east. （太陽は東から昇ると習った）
　　　　　　　　　　　　　　　　現在形のまま

(2) **現在の習慣・事実** ⇨ 従属節の動詞は**現在形のまま**。

She **told** me that she **jogs** every morning.
（彼女は私に毎朝ジョギングをやっていると言った）

(3) **歴史上の事実** ⇨ 従属節の動詞は**過去形のまま**。

My teacher **said** that the Civil War **ended** in 1865.
（先生は南北戦争は1865年に終わったと言った）

(4) **仮定法を含む場合** ⇨ 従属節の動詞は**仮定法の時制のまま**。

She *says* that if she *were* a teacher, she *would* not scold him.
She **said** that if she **were** a teacher, she **would** not scold him.
（彼女はもし自分が先生なら，彼を叱らないのにと言った）

2 直接話法と間接話法

話法には，発言者の言葉を発言者が話したとおりの言葉で伝える**直接話法**と，発言者の言葉を間接的な表現になおして伝える**間接話法**がある。次の例で，それぞれの話法の形を見てみよう。

〈場面〉　火曜日の放課後，ナンシーに会ったジムは，彼女をデートに誘う。

直接話法

(1) Jim *said to* Nancy, "Will you be free next Saturday?"
(2) Nancy *said to* him, "Yes."
(3) Jim *said to* her, "I am going to see the movies. Won't you go with me?"
(4) Nancy *said*, "That sounds great."

間接話法

(1)´ Jim *asked* Nancy if she would be free the next Saturday.
(2)´ Nancy *answered* yes.
(3)´ Jim *told* her that he was going to see the movies and *asked* her to go with him.
(4)´ Nancy *said* (that) that sounded great.

(1) ジムはナンシーに「今度の土曜はひまかい？」と言った。
(2) ナンシーは「ええ」と彼に言った。
(3) ジムは「映画を見に行くつもりだけど，一緒に行かないか」と彼女に言った。
(4) ナンシーは「すてき」と言った。

(1)′ ジムはナンシーに今度の土曜はひまかどうかたずねた。
(2)′ ナンシーはひまだと答えた。
(3)′ ジムは映画を見に行くつもりだと言って，それから彼女に一緒に行ってくれるよう頼んだ。
(4)′ ナンシーはすてきだと言った。

直接話法と間接話法：直接話法と間接話法は，形の上で次のような違いがある。
(a) 間接話法には，伝達動詞の後のコンマと" "（引用符）がない。
(b) 間接話法の伝達される文は，that 節などである。
(c) 伝達される文の中の代名詞などは，間接話法では話す人の立場や状況に応じて変わる。
(d) 伝達動詞が過去形のとき，間接話法では時制の一致の法則により動詞の時制が変わる。

3 話法の転換 —— 平叙文の場合

話法の転換のポイントは，①人称代名詞の転換，②時制の一致，③指示代名詞・副詞の転換，の３つである。このことを平叙文の場合で考えてみよう。

基本例文

1. She *said*, "*I am* happy to see *you here*." 〈直接話法〉
   She **said that she was** happy to see **me there**. 〈間接話法〉
   （彼女はそこで私に会えてうれしいと言った）

2. Tom *said to* me, "*I will* send *you this* package." 〈直接話法〉
   Tom **told** me **that he would** send **me that** package. 〈間接話法〉
   （トムは私にその荷物を送ると言った）

話法転換の手順

(1) 伝達する動詞 say to → tell にかえる。ただし，say 1語の場合はそのまま。➡ ①
(2) コンマと引用符（" "）をとり，that で始まる節にする。that は省かれることもある。➡ ②
(3) 人称代名詞を適当なものにかえる。➡ ③
(4) 動詞の時制を，時制の一致の法則によってかえる。➡ ④
(5) 指示代名詞・副詞を適当なものにかえる。➡ ⑤（変化の原則は右の表のとおり。）

直接話法 ⇔	間接話法
this [these]	that [those]
here	there
now	then
today	that day
yesterday	the day before
tomorrow	the next day
next	the next 〜
last	the previous 〜
〜 ago	〜 before

4 疑問文・命令文の伝達

基本例文

1. □ He *said to* me, "*What are you doing?*" 〈疑問文の伝達〉
   ↔ He **asked** *me* **what I was doing**.
   (彼は私に何をしているのかとたずねた)

2. □ The teacher *said to* us, "*Read the newspaper.*" 〈命令文の伝達〉
   ↔ The teacher **told** us **to read** the newspaper.
   (先生は私たちに新聞を読むように言った)

1 疑問文の伝達

(1) **say to** → **ask** にかえる。

(2) 疑問詞のある疑問文は，**その疑問詞**で伝達内容を導く（例文 1）。
　　疑問詞のない疑問文は，**if [whether]** を用いて伝達内容を導く。

疑問詞や if [whether] 以下の語順は〈S + V〉になる（➡p.130, 間接疑問）。

I *said to* Lucy, "*Are you a student?*"
↔ I **asked** Lucy **if she was** a student.
（私はルーシーに学生ですかとたずねた）

He *said to* me, "*May I sit here?*"
↔ He **asked** me **if he might** sit there.
（彼は私にここに座ってもいいかとたずねた）

2 命令文の伝達

(1) **say to** → **tell** にかえる（例文 2）。ただし，命令文の内容に応じて order（命令する），advise（忠告する），ask（頼む）などを用いる。

(2) 伝達される文を **to** 不定詞の形にする。ただし，**否定の命令文**の場合は **to** 不定詞の前に **not** や **never** をおく。

Nancy *said to* him, "*Please stay here.*"
↔ Nancy **asked** him **to stay** there.
（ナンシーは彼にそこにいるよう頼んだ）

このように **Please ～** の命令文は **ask** を用いて書きかえることが多い。

He *said* to us, "*Don't go out.*"
↔ He **told** us **not to** go out.
（彼は私たちに外へ出るなと言った）

注意 (1) 形は疑問文でも，内容は依頼を表している文は，命令文の話法の転換と同じに考える。

> She *said to* me, "*Will you help me?*"
> She **asked** me **to help** her.
> （彼女は私に手伝ってくれるように頼んだ）

(2) **Let's ~.**（~しよう）の文は，suggest [propose]（to ~）that ... の形に書きかえる。

> She said to us, "*Let's wait here.*"
> She **suggested** (**to us**) **that** we *should* wait there.
> （彼女は私たちにここで待とうと言った）

POWER UP

1 日本語には時制の一致の法則がないの？

ない。だから，時制の一致が行われている英文を日本語にするときは注意。もう一度 ➡p.171 基本例文とその日本語訳を比べよう。

（例文1）
- 従属節：「である」→「である」
- 主 節：「言っている」→「言った」

（例文3）
- 従属節：「だった」→「だった」
- 主 節：「言 う」→「言った」

つまり，**日本語では主節の動詞に当たる部分の訳が変わるだけで，従属節の動詞に当たる部分は変化しないのである。**

2 副詞・代名詞の変化は内容をよく考えて行うこと。

上の表はあくまで原則だから，文の内容をよく考えて適当な副詞・代名詞を用いることが大切。例えば次の文。tomorrow → the next day とは限らない例である。

Yesterday Tom said to her, "I'll be busy **tomorrow**."
→ *Yesterday* Tom told her that he would be busy **today**.
（昨日トムは彼女に，明日は忙しいだろうと言った）

Q 直接話法の today が間接話法でも today のままの文を見ました。どんな場合にそうなるのですか。

A 発言の内容が同じ1日のうちのできごとである場合にそうなります。

This morning he said, "I will finish my work today."
→ This morning he said (that) he would finish his work today.
（今朝彼は，今日仕事を終えると言った）

THE CHECK

- ① 主節の動詞が過去形になると，従属節の過去形の動詞はふつう（　　　）になる。　① → p.171
- ② 直接話法と間接話法をそれぞれ簡単に定義しなさい。　② → p.172
- ③ 平叙文で直接話法から間接話法にするときは，say to は何にかわりますか。　③ → p.173
- ④ 疑問詞のない疑問文で，直接話法から間接話法にするときは，何を用いて伝達内容を導きますか。　④ → p.174

テスト直前 これだけは！ 練習問題にチャレンジ

Words & Idioms
(1) *leave for* ～
　～に向かって出発する
(2) *consist of* ～
　～から成る
　óxygen 酸素
　hýdrogen 水素
(3) *Shákespeare*
　シェークスピア

A　下線部の動詞を過去形にかえて，全文を書きかえなさい。

(1) We <u>hear</u> that she has left for London.

(2) I <u>know</u> water consists of oxygen and hydrogen.

(3) Students <u>learn</u> that Shakespeare died in 1616.

B　各組の文が同じ意味を表すよう，空所に適当な1語を入れなさい。

(1) job 職業

(1) ⎰ He said to me, "I will get a job."
　　⎱ He told me that (　　　)(　　　) get a job.

(2) ⎰ He said to her, "Can I use your car?"
　　⎱ He (　　　) her (　　　) he could use her car.

(3) ⎰ Jim said to me, "Where did you buy the hat?"
　　⎱ Jim (　　　) me where (　　　)(　　　) bought the hat.

C　次の文の話法をかえなさい。

(1) quarrel 口げんかする
(3) zoo [zúː] 動物園

(1) He said to me, "I quarreled with your brother today."

(2) Fred told me that he wanted to study Japanese.

(3) He said to Ann, "I'll take you to the zoo tomorrow."

D　次の文を，(a)直接話法，(b)間接話法で英語になおしなさい。

(1) 彼女は「1週間前にこの時計をここで見つけた」と言った。
　(a)
　(b)
(2) 父は私に「電子メールを送ったのか」とたずねた。
　(a)
　(b)

176　PART1　基本編

Check your Answers, OK?

考え方

(1) 現在完了形の動詞 has left を過去完了形にかえる。

(2) 「水は酸素と水素から成る」は**真理を表す**文だから，**主節が過去形になっても変化しない**。

(3) 従属節の文（シェークスピアが1616年に亡くなった）は**歴史上の事実**だから，**過去形のまま**。

---

(1) **時制の一致による(助)動詞の変化と人称代名詞の変化**に注意する。主節の He と" "内の I は同一人物である。

(2) 疑問文だから **say to → ask** にかえる。疑問詞がないから，伝達内容は **if [whether]** で導くこと。

(3) 従属節の時制に注意。過去の文で過去形の質問なので，間接話法では過去完了となる。

---

(1) 従属節の時制に注意。I, your, today の変化を正確に行うこと。

(2) 「間接話法→直接話法」の書きかえ。

(3) " "内の人称代名詞，副詞の変化を正確に。
I → he, you → her [＝Ann], tomorrow → the next day になる。

---

(1) 「1週間前に」は直接話法では a week ago, 間接話法では a week before になる。this, here の変化にも注意。

(2) 伝達される文は疑問詞のない疑問文である。間接話法で表現する場合には，if [whether] を用いる。

答

(1) We heard that she had left for London.

(2) I knew water consists of oxygen and hydrogen.

(3) Students learned that Shakespeare died in 1616.

---

(1) he, would

(2) asked, if [whether]

(3) asked, I, had

---

(1) He told me that he had quarreled with my brother that day.

(2) Fred said to me, "I want to study Japanese."

(3) He told Ann that he would take her to the zoo the next day.

---

(1)–(a) She said, "I found this watch here a week ago."
(b) She said that she had found that watch there a week before.

(2)–(a) My father said to me, "Did you send an e-mail?" (b) My father asked me if [whether] I had sent an e-mail.

22 時制の一致；話法

23 仮定法(1)

雨が降っていなければなあ——今は雨が降っているよ

イメージを描こう

卓也：雨が降っていなければ，甲子園で僕たちの学校が試合をするのだが。

健一：雨は仕方がないよ。また，明日雨があがれば応援に行けるから，そう肩を落とすなよ。

卓也：君は野球よりバスケットボールが好きなんだね。

健一：そうなんだよ。もう少し背が高ければ，選手になるのだけど。

卓也：バスケットボール部員だったね。

健一：マネジャーをしているんだ。

卓也：僕は野球選手だったらなあと思う。

健一：今からでも遅くないよ。

事実か，仮の話か

- 「雨が降っていなければ，…」
  → 現実は雨が降っている。→ 仮の話
- 「もし明日雨があがれば，…」
  → 実際に雨があがって，観戦に行ける可能性が十分ある。→ 仮の話ではない
- 「もう少し背が高ければ」
  → 現実には背が高くない。→ 仮の話
- 「僕は野球選手だったらなあ…」
  → 現実は野球選手ではない。→ 仮の話

仮定法の表現

　私たちは話の中で，よく事実とは反対のことを想像して希望を述べたり，意見を言ったりしますが，英語ではそういうときに，仮定法という特別な表現法を使います。

　これは，事実と仮の話がごちゃ混ぜにならないようにするためです。そのために，仮定法では事実を述べる場合とは異なった動詞の使い方をします。日本語では事実と反対のことでも特別な表現をしないので難しく感じられますが，ルールを覚えればカンタンです。

1 仮定法のポイントは動詞の形

　仮定法とは，事実に反することを述べるときに用いる述語動詞の形のことである。仮定法で述べられる内容は現実の話ではない。英語では，話の中で，事実でない事柄と事実とをはっきり区別して，仮定法という述語動詞の特別な時制を用いる。

　前ページの対話で仮定法にあたる文の内容はどれも現在に関係のある事柄である。ところが事実ではないので，これを英語で表現する場合は，わざと述語動詞に過去時制を用いる。

　さて，前ページで下線（実線）をひいた部分を英語で表すと，次のようになる。仮定法の文の**動詞が過去形**である点を確認しておこう。

- If it weren't raining, our school team would play the baseball game at Koshien Park.
（雨が降っていなければ，甲子園で僕たちの学校が野球の試合をするのだが）
- If I were a little taller, I would be a basketball player.
（もう少し背が高ければ，僕はバスケットボールの選手になるのだが）
- I wish I were a baseball player.
（僕は野球選手だったらなあと思う）

比較　仮定法と直説法　仮定法と違って，ふつうの事実を事実のままに述べる表現法を直説法という。ところが，日本語ではこの直説法と仮定法が同じように表現されるので，私たちは英語の仮定法がわかりにくい。次の例文で，仮定法と直説法の違いを確認しよう。

〔仮定法〕　I wish I **got** an e-mail from her.
　　　　　（彼女から電子メールがもらえるとよいのだが）
　　➡ 実際にはもらっていない。もらえる可能性もない場合。

〔直説法〕　I hope I *get* [*will get*] more e-mails from her.
　　　　　（彼女からもっと電子メールがもらえるとよいのだが）
　　➡ 電子メールがくるかどうかわからないが，もらえる可能性がある場合。

〔仮定法〕　If I **had** enough money, I **would go** to England.
　　　　　（十分なお金があれば，イギリスに行くのだが）
　　➡ 実際はお金がないから行けない。行ける可能性もない場合。

〔直説法〕　If I *have* enough money next year, I *will go* to England.
　　　　　（もし来年十分なお金があれば，イギリスに行く）
　　➡ 来年にならなければわからないが，お金ができて行ける可能性がある場合。

仮定法＝事実とは反対のこと，実現の可能性のないことを仮定して述べる。
直説法＝実際にあること，実現の可能性のあることを述べる。

テスト直前 これだけは！ 練習問題にチャレンジ

Words & Idioms
(1) *all the way* 途中ずっと
(2) *popular* 人気がある
(3) *get well*（病気などから）回復する

A 次の文の中から仮定法の文を選びなさい。

(1) If he runs all the way, he'll get there in time.
(2) If she were an actress, she would be popular.
(3) I hoped she would get well soon.
(4) If only I could play the piano.

B 各組の文が同じ意味を表すよう，空所に適当な1語を入れなさい。

(1) I am sorry she doesn't understand me.
 I (　　　) she (　　　) me.

(2) As I have no time now, I can't go to the theater.
 If I (　　　) time, I (　　　) go to the theater.

(3) It is time for you to go to bed.
 It's (　　　) you (　　　) to bed.

(2) *go to the theater* 演劇を見に行く
(3) *go to bed* 就寝する

C 次の文を日本語になおしなさい。

(1) If I had enough time and money, I might go hiking in Canada.

(2) What would your father say if he were here?

(3) I wish I were a university student.

(1) *go hiking* ハイキングに行く
(3) *university* 大学

D 日本文に合うように，(　　)内の語句を並べかえなさい。

(1) もし彼がここにいたら手伝ってくれるだろう。
 (here, / help / he / if / would / me / were / he).

(2) そろそろ食事の用意をする時間ですよ。
 (you / ready / about / it's / dinner / time / got).

(3) 上手に歌が歌えたらな。
 (sing / could / wish / I / well / I).

(1) 「〜を手伝う」 *help*
(2) 「〜を用意する」 *get 〜 ready*
(3) 「上手に」 *well*

PART1　基本編

考え方

(2) 仮定法。「もし彼女が女優なら，人気が出るだろうに(実際は女優ではない)」の意味。
(3) hope は可能性のあることを望む場合に用いる。「彼女にすぐよくなってほしいと思った」
(4) 仮定法。「私がピアノが弾けたらいいのに」の意味。現在の事実に反する願望。

---

(1)「わかってくれないのが残念だ」→「わかってくれるといいのだが」と考える。
(2)「私は今時間がとれないので，演劇に行けない」の同意を述べる仮定法過去の文。
(3)「あなたは寝る時間だ」不定詞を用いた表現→「もう就寝してもいいころだ」とする。

---

(1) ⟨If+S+動詞の過去形, S+might+動詞の原形 ...⟩ 仮定法過去の文。
(2) ⟨主節 + if 節⟩の順序に注意。
(3) ⟨I wish+S+過去形⟩ 現在の願望を表す。

---

(1) ⟨If+S+動詞の過去形, S+would+動詞の原形 ...⟩の仮定法過去の文。
(2) **It's about time ~.** の文。
(3) ⟨I wish + 仮定法過去⟩の文。

答

(2), (4)

---

(1) wish, understood
(2) had, could
(3) time, went

---

(1) 私に時間とお金があれば，カナダでハイキングに行くだろうに。
(2) もし君のお父さんがここにいたら何と言うだろうか。
(3) 大学生だったらなあ。

---

(1) If he were here, he would help me.
(2) It's about time you got dinner ready.
(3) I wish I could sing well.

24 否 定 (1)

0人の生徒が解ける——英語は「文頭から否定」もあり！

イメージを描こう

　否定に習熟することは英語に習熟すること、と言っても過言ではありません。それだけ英語の否定はバラエティーに富んでいます。皆さんがすでに知っている次の否定もそのひとつです。次の日本語と英語を比べてみてください。

(1) ｛ どの生徒もこの問題が解け ない 。
　　　　　　　　　　　　　　　否定語
　　　No students can solve this problem.
　　　否定語

(2) ｛ だれも彼がどこにいるか知ら ない 。
　　　　　　　　　　　　　　　　否定語
　　　Nobody knows where he is.
　　　否定語

　日本語と英語の大きな違いに気がつきましたか。
　日本語の否定文は多くの場合、文の最後に来る動詞を「〜しない」と否定します。それに対して英語の否定の言葉は、前の方にあるのが普通です。特に上の2つは主語に no をつけて最初からいきなり否定、という日本語にはないスタイルです。

no は強い！

　文面どおりに意味を取れば、(1)は「0人の生徒が…」(2)は「0人の人が…」となります。three や ten という数字の変わりにゼロを表す no がついていると考えてください。no one, nothing, none なども同じです。この no という否定語は実に強い語で、This is no good. と言えば This is not good. と言うよりも「よくない」という意味が強くなります。その no が文頭から出てくるのですから、有無を言わさない迫力が出るわけです。

1 代表的な否定語

英語の否定語の中でもっともよく用いられるものといえば, **not, never, no** である。これらの代表的な否定語を中心に, 英語の重要な否定表現を学んでおこう。

1 not, never, no などの用法

> **基本例文**
> 1□ She will **not** come to the concert.
>   (彼女はコンサートに来ないでしょう)
> 2□ You should **never** swim alone in this river.
>   (この川ではけっしてひとりで泳いではいけない)
> 3□ **No** sugar is left in the sugar bowl.
>   (砂糖入れの中には砂糖が少しも残っていない)

(1) not 「(〜で)ない」

文全体を否定する場合と, 語句を否定する場合がある。

(1) 述語動詞について(一般動詞の前, be 動詞・助動詞のあと), **文全体を否定する**(例文 1)。

　I can**not** remember the scene.　　　　**not** ⇨ ✕　I can remember the scene.
　(私はその光景を思い出せない)　　　　　　　　　　　　　〈文を否定〉

(2) 述語動詞以外の語句の前について, **その語句を否定する**。

　She is my daughter, (and) **not** my niece.　　**not** ⇨ ✕　my niece
　(あの子は私の娘であって, 私の姪ではない)　　　　　　　〈語を否定〉

　He told me **not** to go.　(彼は私に行くなと言った)　**not** ⇨ ✕　to go
　　　　　　　　　　　　　　　　　　　　　　　　　　　〈句を否定〉

(2) never 「これまで一度も〜ない, 決して〜ない」

not より強い否定である(例文 2)。文中で用いる位置は not と大体同じだが, not と違って, 一般動詞の場合は助動詞の do [does, did] を伴わない。

比較
{ My sister **never** *eats* sweets.　(妹は甘い物は決して食べない)
　　　　　　　　　↳ この s に注意
{ My sister **does not** *eat* sweets.　(妹は甘い物は食べない)

(3) no 「少し〔1 つ, 1 人〕の〜もない, 決して〜ない」

名詞の前に来て〈**no＋名詞**〉の形で否定を表す(例文 3)。no に伴う名詞は単数もあれば複数もある。形は語否定であるが, **no はふつう文全体を否定する**。

(1) 主語・目的語につく場合

　No *boy* can answer it.　(それに答えられる少年はいない)　　　　　〈no ＋主語〉
　The woman has **no** *children*.　(その婦人には子供がいない)　　　〈no ＋目的語〉
　＝The woman **doesn't** have **any** children.

(2) be 動詞の補語につく場合

〈not a ＋名詞〉を用いるより否定の意味が強く，「決して～ではない，～どころかその反対だ」という意味を表す。

比較 { It's **not** a joke.　（それは冗談ではない ⇨ ふつうの否定）
It's **no** joke.　（それは冗談どころではない ⇨ たいへん真剣な話だ）

2 none, nobody, nothing

いずれも no を含む代名詞で，〈no ＋名詞〉と同様に用いて**文全体を否定する**。

基本例文
1□ I have **nothing** to tell you.　（あなたに話すことは何もない）
2□ **None** of them agreed to the plan.
　　（彼らはだれもその計画に賛成しなかった）

(1) **nobody**「だれも～ない」　〈単数扱い〉
　Nobody knows his phone number.　（だれも彼の電話番号を知らない）

(2) **nothing**「何も～ない」(例文 1)〈単数扱い〉
　There is **nothing** wrong with your car.　（君の車はどこも悪いところはない）

(3) **none**「だれも[何も]～ない，少しも～ない」　（➡p.250）
　人にも事物にも用い，数えられる名詞を受ける場合はふつう複数扱いする。
　None have arrived yet.　（まだだれも来ていない）　〈複数扱い〉
　None of the wine was left.　（ワインは少しも残っていなかった）　〈単数扱い〉

2 few, little, hardly など —— 準否定

「ほとんど～ない」「めったに～ない」という意味の**弱い否定**を**準否定**と言う。

基本例文
1□ **Few** people live to be one hundred.　（100歳まで生きる人はほとんどいない）
2□ He can **hardly** speak English.　（彼は英語がほとんど話せない）
3□ Barking dogs **seldom** bite.　（ほえる犬はめったにかまない）((ことわざ))

1 few, little

no より弱い意味の否定語。**few は数，little は量**が「ほとんどない」ことを表す（例文1）。

{ **Few** *politicians* are really honest.　⇨ **few** ＋ 数えられる名詞
（本当に誠実な政治家はほとんどいない）
I have **little** *interest* in politics.　⇨ **little** ＋ 数えられない名詞
（私は政治にはほとんど興味がない）

テストに出るぞ！

Q few, little は修飾語として名詞といっしょにしか用いられませんか。

A few には名詞を修飾する形容詞用法しかありませんが，little には動詞を修飾する副詞用法もあり，動詞の前に用いると「少しも〜ない」という強い否定を表します。
 I **little** *knew* that he was ill. （彼が病気だとは少しも知らなかった）

2 hardly, scarcely; seldom, rarely

(1) not, never よりも弱い否定を表し，hardly, scarcely は「ほとんど〜ない」，seldom, rarely は「めったに〜ない」の意味で用いられる。**位置は be 動詞・助動詞のあと，一般動詞の前である**（例文 2, 3）。
 I could **scarcely** believe my eyes. （私は自分の目がほとんど信じられなかった）
 She **rarely** catches cold. （彼女はめったにかぜをひかない）

(2) 〈**hardly [scarcely] any** +名詞〉で〈few [little] +名詞〉とほぼ同じ意味を表す。
 There is **hardly** any sugar in this cake.
 （このケーキには砂糖はほとんど入っていない）

POWER UP

1 not 1 語で，否定の名詞節全体の代わりをすることがある。

Will he come? —— I'm afraid **not**.
（彼は来ますか。——来ないと思います）
not = he will not come である。

2 don't think 〜（〜でないと思う）の言い方。

英語で「〜でないと思う」と言う場合，ふつう don't think(that)〜の形を用いる。I think (that) 〜 not とは言わない。

「雨は降らないと思う」
→ I **don't think** it will rain.

3 neither は両方を否定する。（〔2つのうち〕どちらもない）

Neither of them knows the story.
（彼らは2人ともその話を知らない）
She speaks **neither** English **nor** French.
（彼女は英語もフランス語も話さない）
 neither A nor B （➡p.253）

THE CHECK

☐ ① not が否定するものにはどのようなものがありますか。 ① → p.185
☐ ② no を含む代名詞を3つあげなさい。 ② → p.186
☐ ③ 準否定［弱い否定］を表す語を6つあげなさい。 ③ → p.186

テスト直前 これだけは！ 練習問題にチャレンジ

Words & Idioms
(1) *be in hospital* 入院している
(2) *translátion* 訳，翻訳

A 日本文の意味を表すように，空所に適当な1語を入れなさい。

(1) I (　　　) knew that he was in hospital.
　　彼が入院していることを私は全然知らなかった。
(2) There was (　　　) mistake in your translation.
　　あなたの訳には誤りが1つもなかった。
(3) I know (　　　) people in this town.
　　この町には知り合いがほとんどいない。
(4) There is (　　　) I can do for him.
　　私が彼のためにできることは何もない。

(2) *fail in* ~
　　(試験)に落ちる
(3) *remember*
　　~を覚えている
(4) *knówledge* 知識
　　pólitics 政治

B 次の英文を日本語になおしなさい。

(1) I told my sister not to see him.

(2) Will he fail in the exam? —— I hope not.

(3) None of my brothers remembered my birthday.

(4) My brother has little knowledge about politics.

(1) *worry* 心配する，くよくよする
(2) *truth* 真実，真相
(4) *pay attention to* ~
　　~に注意を払う
　　opinion 意見

C 日本文に合うように，(　　　)内の語句を並べかえなさい。

(1) くよくよしないほうがいいでしょう。
　　It would be (you / worry / not / for / better / to).

(2) 彼らは真相を知らないと思います。
　　(they / think / I / the / don't / truth / know).

(3) 彼の言ったことがほとんど理解できなかった。
　　I (understand / what / hardly / said / could / he).

(4) 彼らはその意見にはほとんど注意を払わなかった。
　　They (attention / the / little / paid / opinion / to).

188　PART1　基本編

考え方

(1) **never** は not よりも強い「全然[まったく]〜ない」の意味を表す。little も know, think などの動詞の前で同じ意味を表す。
(2) There is 〜の主語 mistake に no をつける。
(3) people は数えられる名詞。「数がほとんどない」の意味だから few が入る。
(4) 「何も〜ない」の意味を表す代名詞が入る。

答

(1) never または little
(2) no
(3) few
(4) nothing

---

(1) to 不定詞を否定する場合は not to 〜となる。
(2) not は 1 語で節の代用をしている。
　not = he will not fail in the exam
(3) **None of** 〜 の否定構文。「〜のうちのだれも…ない」という意味を表す。
(4) 数えられない名詞 knowledge に little がついた準否定。

(1) 私は妹に彼には会うなと言った。
(2) 彼は試験に落ちるでしょうか。
　――落ちないでほしいですね。
(3) 僕の兄弟はだれも僕の誕生日を覚えていなかった。
(4) 私の弟は政治についてはほとんど知識がない。

---

(1) not を句の否定に用いることが解答のポイント。不定詞の to worry の直前におく。
(2) 「〜でないと思う」は **I don't think**（**that**）〜.
(3) 一般動詞 understand の前に hardly を置く。
(4) 数えられない名詞 attention の前に little をおく。

(1) (It would be) better for you not to worry.
(2) I don't think they know the truth.
(3) (I) could hardly understand what he said.
(4) (They) paid little attention to the opinion.

25 倒置・強調

目立つために逆立ち？？—— 倒置・強調

イメージを描こう

英語は語順が大切な言語で、肯定文や否定文では1番手は主語、2番手は動詞と決まっています。

(1) The bus comes here.

ところがそうではない語順にも頻繁に出会います。次の2つの文からはどのような印象を受けますか。

(2) Here comes the bus.
(3) There goes the bell!

理論的には here, there という副詞が前に出て、〈主語＋動詞〉の語順が〈動詞＋主語〉となっています。なぜ語順を入れかえた言い方をするのでしょうか。あらかじめ決められている語順をあえてひっくり返すのは、それだけの意図があるのです。

相手の注意を引く倒置

(1)のように bus という主語が最初に来る普通の英文であれば、「来た」という事実を単に述べているだけです。(2)(3)は一緒にいる人の注意を引くために気持ちをこめた言い方なのです。日本人なら「ほら、バスが来たよ」「ほら、鐘が鳴るぞ」などと言うところです。わざわざ語順を入れかえる意味はここにあります。**相手の気持ちを引く、そのために感情を込める**、という意図があるのです。

倒置の英文は感情が込められているため、単調な文章に変化が起こって、ある部分が強調されることが多く、読者や聞き手に強い印象や刺激を与えることになります。

1 強調のための倒置

文中のある語句を強調するために文頭に出すと，あとの**主語**と**(助)動詞の順序が入れかわる**ことがある。これを**倒置**という。主として書き言葉に用いられる。

I have never seen such a beautiful sunset.
→ **Never have I seen** such a beautiful sunset.
　　強調　　倒置
（あんな美しい日没は見たことがない）

基本例文

1☐ **Down** *came a shower.*　（夕立が降ってきた）
　　副詞　　V　　　S

2☐ **Little** *did I expect* that he would win the championship.
　　否定語　V'　S　V
　（彼が優勝するなんて夢にも思わなかった）

3☐ **Dangerous** *is the waste* from the nuclear power stations.
　　補語　　　　V　　S
　（原子力発電所の廃棄物は危険です）

(1) 場所を表す副詞(句)の強調（例文 1）

例文 1 では副詞 down が文頭に出たため，〈V ＋ S〉の倒置になっている。場所や方向を表す副詞(句)に多い形である。

Here *comes the bus.*　（ほら，バスが来た）
副詞　V　　　S
In front of us *stood an old church.*　（私たちの前には古い教会が建っていた）
　副詞句　　　　V　　　S

(2) 否定を表す副詞(句)の強調（例文 2）

否定語 little が文頭に出ると，〈助動詞＋S＋V〉という疑問文と同じ語順になる。この文をふつうの形で表すと次のようになる。

（例文 2）→ I little expected that he would win the championship.

Hardly *had she left* home when it began to rain.
否定語　　V'　S　V
（彼女が家を出たとたん雨が降り出した）

> 否定語が文頭に来ると，必ず倒置が起こるのね。

(3) be 動詞の補語の強調（例文 3）

be 動詞の補語が文頭に出ると，〈V ＋ S〉の倒置になる。この文をふつうの形で表すと次のようになる。

（例文 3）→ The waste from the nuclear power stations is dangerous.

So great *was his shock* that he stood *motionless.
補語　　　V　　S
（衝撃が大変大きかったので，彼は立ちすくんでいた）　*motionless　動かない

注意 目的語が強調されて文頭に出た場合は，〈S ＋ V〉の語順のままであることが多い。

I can sing this song.
→**This song** *I can sing.*（この歌は私はうたえる）
　　O　　　S　　V

25　倒置・強調

2 倒置以外にも強調する方法はいろいろある

文中の語句を強調するには，倒置の他にもいろいろな方法がある。

> **基本例文**
>
> 1□ **It was** *my brother* **that** [**who**] broke the window yesterday.
> 　（きのう窓を割ったのは私の弟だ）
>
> 2□ Mary **does** *know* the fact.
> 　（メアリーはその事実を本当に知っています）
>
> 3□ Why **on earth** did you say such a thing?
> 　（いったいなぜそんなことを言ったのですか）

(1) It is ～ that ... の強調構文（例文 1）

強調する語(句)を It is と that の間において強調する。例文 1 では my brother が強調されている。

〈もとの文〉 My brother broke the window yesterday. （私の弟はきのう窓を割った）

It was *the window* **that** my brother broke yesterday.
　　　　the window が強調されている
（私の弟がきのう割ったのは窓だ）

It was *yesterday* **that** my brother broke the window.
　　　　yesterday が強調されている
（私の弟が窓を割ったのはきのうだ）

It was when World War Ⅱ ended **that** my father was born.
（父が生まれたのは第2次世界大戦が終わったときだった）

| 注意 | (a) It is ～ that ... で強調できるのは，主語・目的語・副詞(句・節)で，動詞・補語は強調できない。 | (b) 強調するものが「人」の場合，**It is ～ who ...** の形も使われる。
It was *Ken* **who** spoke first.
（最初に口を開いたのは健だった）〈覚え得〉 |

(2) do [does, did] による強調（例文 2）

〈**do＋動詞の原形**〉の形で，あとの動詞を強調する。do は人称・時制で形をかえる。

He **did** *go* there alone. （彼はそこへ1人で確かに行った）
　　　↳強く読む
Do *be* quiet. （どうか静かにしてください）

(3) 強調語句による強調（例文 3）

名詞を強調する **very** の他，いろいろな語句がある。

(a) 疑問詞の強調 … **on earth, in the world, ever** などを用いる。
「いったい～」などと訳すとよい。

What **on earth** [**in the world**] are you doing here?
（いったい君はここで何をしているんだ）

(b) 否定の意味の強調 … **not ~ at all, not ~ in the least** など。
I **don't** understand him **at all**. （私は彼の言うことが全然わからない）

(c) 名詞の強調 … **very**（まさにその）, **all**（全身[すっかり]～）, **oneself**（～そのもの）など。
She was kindness **itself**. [= She was *very* kind.] （彼女は親切そのものだった）
This is the **very** book I want. （これこそまさに私がほしい本だ）

POWER UP

本章ではおもに「強調のための倒置」について学習してきたが，倒置には他に「**慣用的な倒置**」がある。疑問文における〈V + S〉の倒置や，There is [are] ~. の文の倒置などだが，次の2つにはとくに注意しよう。

(1) **so, nor, neither で始まる文**

前の文の内容を受けて，「～もまたそうだ」「～もまたそうでない」と言う場合である。

(a) **So + V + S**（～もまたそうだ⇨肯定文）
I got a phone call from Jane.
—— **So did I**. （ジェーンから電話があったよ。—— 私にもあったわ）

(b) **Nor [Neither] + V + S**
（～もまたそうでない⇨否定文）
I'm not good at swimming.
—— **Neither [Nor] am I**.
（私は泳ぐのが得意ではありません。—— 私もそうです）

(a)の表現と，「その通り」と同意を表す〈**So + S + V**〉を混同しないこと。
She is lovely. —— **So she is**.
（彼女はかわいい。—— まったくだよ）

(2) **仮定法の if の省略による倒置**（➡p.277）

Were I in your place, I would not do so. [= *If I were* in your place, I would not do so.]
（もし私が君の立場なら，そうはしないだろう）

Had I wings, I would fly to you.
[= *If I had* wings, I would fly to you.]
（翼があれば，君の所へ飛んで行くのに）

Q It was the park that she went to. で to the park を強調する文になりますか。

A なりません。**強調する語句は句のまとまりをくずさないで考えます**。正しい強調の仕方は次のとおりです。It was <u>to the park</u> that she went. （彼女が行ったのはその公園だった）

THE CHECK

☐ ① 強調のため〈V + S〉の倒置が起こるのはどんな場合ですか。　　① → **p.191**
☐ ② 疑問詞の強調に用いられる語句を3つあげなさい。　　② → **p.192**
☐ ③ 〈Nor + V + S〉の意味を言いなさい。　　③ → **p.193**

Tea Time

World Heritage Sites
世界遺産

　皆さんは「世界遺産」をご存知でしょうか。世界遺産とはユネスコ総会で採択された遺跡，景観，自然など人類が共有すべき「顕著な普遍的価値」をもつ物件のことで，現在1000あまりの遺産が世界遺産に登録されています。

マチュ・ピチュの歴史保護区（ペルー）

ペルーのウルバンバ谷に沿う高い山の屋根に位置する，インカの遺跡です。しばしば「空中都市」，「インカの失われた都市」などと呼ばれています。

アンコール遺跡群（カンボジア）

アンコール（Angkor）は，カンボジア北西部にあるアンコール遺跡の1つです。

モン・サン＝ミッシェルとその湾（フランス）

フランス西海岸，サン・マロ湾上に浮かぶ小島。同じ名前の修道院があります。

グランド・キャニオン国立公園（アメリカ）

アメリカ合衆国アリゾナ州北部にある峡谷。

屋久島（日本）

鹿児島県に属する島。豊かで美しい自然が残されており，登山やトレッキングにたくさんの人が訪れます。

ヴェネツィアとその潟（イタリア）

ヴェネツィアの街は100以上の島々が，約400の橋と150をこえる運河で結ばれています。

Tea time

The Thames has continued to watch many a historic event for a long, long time.　And the gentle flow of the river is still going down without staying long in one place through London.

　テムズ川は，長い，長い間，幾多の歴史的なできごとを見続けてきた。そして今なお，そのおだやかな川の流れは，とどまることなくロンドンの街を通って流れている。

穏やかに流れるテムズ川（イギリス）

Part 2
発展編

26 句と節のまとめ
句と節は文を組み立てるパーツだ

1 句と節の違いは〈S + V〉の有無

句	2つ以上の語が1カタマリとなり，1つの品詞と同じ働きをするもの。〈S + V〉を含まない。
節	文の一部だが，その中に〈S + V〉を含むもの。

(1) 句の種類 文中で名詞の働きをする名詞句，形容詞の働きをする形容詞句，副詞の働きをする副詞句の3つに分かれる。

名詞句 名詞の働きをして，主語・目的語・補語になる。名詞句になるのは主に不定詞・動名詞である。

To rise early is good for the health.（早起きは健康によい）
　　主語＝名詞句
He enjoys **playing baseball**.（彼は野球を楽しんでいる）
　　　　　目的語＝名詞句

形容詞句 名詞・代名詞を修飾したり，補語になる。主に不定詞・分詞・〈前置詞＋(代)名詞〉が形容詞句になる。

Is the *book* **on the desk** yours?（机の上の本は君のですか）
　　　　名詞を修飾＝形容詞句
Do you know *the girl* **dancing on the stage**?
　　　　　　　　　　名詞を修飾＝形容詞句
（舞台で踊っている女の子を知っていますか）

副詞句 動詞・形容詞・他の副詞を修飾したり，文全体を修飾したりする。主に不定詞・分詞・〈前置詞＋(代)名詞〉が副詞句になる。

She *came* **to the station at six**.（彼女は6時に駅へ来た）
　　　動詞を修飾＝副詞句
I *went* to the library **to do my homework**.
　　　動詞を修飾＝副詞句
（僕は宿題をするために図書館に行った）

(2) 節の種類 接続詞に導かれ，等位節と従属節に大きく分けられる（→p.160）。

① 等位節……and, but, or などの**等位接続詞**で結ばれている節。それぞれの節が独立した文としても成り立つ。

He comes from America and **he works for our company**.
　　S + V（節）　　　　　　　　　S + V（節）
（彼はアメリカ出身で，私たちの会社で働いている）

② 従属節……文中で中心になる節（**主節**）とそれに従属する節（**従属節**）がある場合，従属節は文の要素になったり，主節を修飾したりする。次の if it is fine tommorow は主節を修飾している。

We'll go fishing if it is fine tomorrow. （明日晴れたら釣りに行きます）
S V（主節）　　　　S′ V′（従属節）

名詞節 名詞の働きをする節。文中で，主語・目的語・補語になる（→p.162）。

They say **that he will retire soon**.
　　　　　目的語＝名詞節
（彼はまもなく退職するといううわさです）

形容詞節 形容詞の働きをして，名詞・代名詞を修飾する節。関係詞で始まる節は，大部分が形容詞節になる（→p.134）。

This is the most interesting *novel* **that I have ever read**.
　　　　　　　　　　　　　　　　　　　名詞を修飾＝形容詞節
（これは私が今まで読んだ中で一番おもしろい小説だ）

副詞節 副詞の働きをして，主節を修飾する（→p.162）。

Jack *was having* lunch **when I visited him**.
　　　　　　　　　　　　　主節の動詞を修飾＝副詞節
（ジャックをたずねたとき，彼は昼食中だった）

2　単文 ⇆ 重文 ⇆ 複文

文はその構造から，単文・重文・複文の3つに分けられる。

基本例文

1□ There were some people in the room. 〈単　文〉
　　　V　　　　　S
　　（部屋の中に数人の人たちがいた）

2□ You are young, but I am old. 〈重　文〉
　　S　V　　　　　　　S　V
　　（君は若いが，私は年をとっている）

3□ I didn't go out because it was snowing. 〈複　文〉
　　S　　V　　　　　　　　S′　V′
　　（雪が降っていたので，外出しなかった）

単　文	〈S + V〉が1つだけの文（例文1）
重　文	2つ以上の単文が，等位接続詞で結ばれている文（例文2）
複　文	2つ以上の単文が，従属接続詞で結ばれている文（例文3）

THE CHECK

□ ① 句と節の違いについて説明しなさい。　　　　　　　　　① → p.200
□ ② 等位節と従属節について説明しなさい。　　　　　　　　② → p.200
□ ③ 名詞節・形容詞節・副詞節のそれぞれの働きを説明しなさい。③ → p.201

テスト直前 これだけは！ 練習問題にチャレンジ

Words & Idioms

A 各文の下線部が，ア名詞句，イ形容詞句，ウ副詞句のどの働きをしているか選び，記号で答えなさい。

(1) <u>Reading books</u> is fun.
(2) The girl <u>talking with Mike</u> is my sister.
(3) I want <u>to go to New Zealand</u>.
(4) He goes for a walk <u>with his dog</u> every day.
(5) Kumi has a lot of friends <u>to talk with</u>.
(6) My sister went to Kyoto <u>to see an old temple</u>.

(4) *go for a walk*
　散歩に行く
(6) *temple*
　お寺

B 各文の下線部が，ア名詞節，イ形容詞節，ウ副詞節のどの働きをしているか選び，記号で答えなさい。

(1) I don't know <u>when Tom will come</u>.
(2) Please let me know <u>when Tom comes</u>.
(3) I was late for the meeting <u>because I missed the train</u>.
(4) I don't know the man <u>who is talking with my brother</u>.
(5) This is the car <u>that I bought the other day</u>.
(6) Rob said <u>that Mike wanted to go to Shikoku by bicycle</u>.

(2) *let me know*
　私に知らせる
(3) *be late for～*
　～に遅れる

C 各組の文が同じ内容を表すよう，空所に適当な1語を入れなさい。

(1) {If you don't hurry, you'll be late for school.
　　Hurry, (　　) you'll be late for school.

(2) {On hearing the news, she turned pale.
　　(　　)(　　) as she heard the news, she turned pale.

(3) {It is necessary that you should go there.
　　It is necessary for (　　)(　　) go there.

(4) {Be careful in choosing your friends.
　　Be careful (　　)(　　) choose your friends.

(5) {It was too cold for me to go out without a coat.
　　It was (　　) cold (　　) I couldn't go out without a coat.

(2) *turn pale*
　青ざめる
(4) *choose*
　～を選ぶ

考え方

(1) is の主語。「本を読むことは楽しい」の意味。
(2) 「マイクと話をしている」→「少女」
(3) to go ～は want の目的語。
(4) 「犬と一緒に」→「散歩をする」
(5) 「話をする」→「(たくさんの)友達」。(a lot of) friends は前置詞 with の目的語。
(6) 「古いお寺を見るために」→「行く」。目的を表す不定詞の副詞的用法。

---

(1) 「トムがいつ来るかわからない」の意味。when 以下は know の目的語なので名詞節。
(2) 「トムが来たら教えてください」の意味。when 以下は「時」を表す副詞節。
(3) 「列車に乗り遅れたので」→「遅れた」。because 以下は「理由」を表す副詞節。
(4) 「私の兄と話をしている」→「人」
(5) 「先日買った」→「車」
(6) 「マイクは四国に自転車で行きたがっているとロブは言った」の意味。

---

(1) 命令文+ or...「～しなさい，さもなければ…」
(2) on -ing「～するとすぐに」
as soon as S + V「～するとすぐに」
(3) for は不定詞の意味上の主語。「あなたはそこに行く必要がある」の意味。
(4) in -ing「～するときに」「友達を選ぶときには注意しなさい」の意味。
(5) too ... to ～「とても…なので～できない」
= so ... that S + V

答

(1) ア
(2) イ
(3) ア
(4) ウ
(5) イ
(6) ウ

---

(1) ア
(2) ウ
(3) ウ
(4) イ
(5) イ
(6) ア

---

(1) or
(2) As, soon
(3) you, to
(4) when, you
(5) so, that

27 文構造(2)
O や C など文の主要素に節が来る文型がある

1 目的語・補語になる名詞節

基本例文

1. □ I don't know **if** *Ms. Green will come.*
   　　S　　V　　　　O
   （私はグリーン先生が来るかどうか知らない）

2. □ She taught us **that** *reading novels is fun.*
   　　S　　V　　O　　　　　O
   （彼女は私たちに小説を読むのは楽しいということを教えてくれた）

3. □ The question is **whether** *she will help us or not.*
   　　　S　　　V　　　　　　　C
   （問題は彼女が我々を助けてくれるかどうかである）

(1) 〈S + V + O[=名詞節]〉（例文 1）

接続詞の that (〜ということ), if, whether (〜かどうか) や疑問詞で始まる節が動詞の目的語になる文型。

I've just learned (**that**) *his father is sick*.
　　　　　　　　　　　　　O
（彼のお父さんが病気だとたった今知った）

Do you know **what** *JST stands for*?
　　　　　　　　　　　O
―― Yes, I do. It stands for Japan Standard Time.
（JSTが何を表すか知っていますか。―― はい，知っています。それは日本標準時を表します）

この形は What does JST stand for? が文中に入った**間接疑問の文**(➡p.130)である。

(2) 〈S + V + O₁ + O₂[=名詞節]〉（例文 2）

名詞節が直接目的語として用いられる文型。

The teacher asked me **where** *I lived*.
　　　　　　　　　O₁　　　　　O₂
（その先生は私にどこに住んでいるのかとたずねた）

(3) 〈S + V + C[=名詞節]〉（例文 3）

that, if, whether や，疑問詞，関係詞で始まる節が，be 動詞のあとで補語として用いられる文型である。whether [if] は例文 3 のように，**whether [if] 〜 or not** の形で用いられることがある。

The trouble was **that** *we had no money.* （問題は我々にお金がないということだった）
　　　　　　　　　　　　　C
This is exactly **what** *Mr. Parker said.* （これこそまさにパーカー先生が言ったことです）
　　　　　　　　　　　　C

2 it とともに用いられる名詞節

基本例文

1. □ **It** is no wonder **that** *Mr. Ito is popular among the students.*
   ↑形式主語　　　　　　　　　真主語
   （伊藤先生が学生の間で人気があることは何も不思議ではない）

2. □ She made **it** clear **that** *she was a journalist.*
   　　　　　　形式目的語　　　　真目的語
   （彼女は自分がジャーナリストだということを明らかにした）

(1) It is ~ that [why, whether など] ...（例文 1）

形式主語の **It** を用いる文型で，真主語に that や疑問詞で始まる節がくる。

It was not certain **whether** *they would keep their promise.*
　　　　　　　　　　　　　　　　　　　　　　　　真主語
（彼らが約束を守るかどうかはよくわからなかった）

比較 　It is ~ that ... が形式主語の構文か強調構文かの見分け方　**覚え得**

　　a) **It was** Fred **that** killed the king.
　　b) **It was** evident **that** he killed the king.

It is と that をとり除いても文が成立すれば強調構文。成立しなければ形式主語の文。
a) は Fred killed the king. といえるので強調構文（王様を殺したのはフレッドだった），
b) は evident がどこにも入らないので，形式主語の文（彼が王様を殺したのは明らかだった）。

(2) S + V + it ~ that ...（例文 2）

〈S + V + O + C〉の文型で O に that 節がくるとき，**形式目的語の it** を用いて that ~ をあとに回す。

They found **it** *necessary* **that** *they should start at once.*
　　　　　　　　　　　　　　　　　　　　　　　　　真目的語
（彼らはすぐに出発することが必要であるとわかった）

注意 (1) **It seems [appears] that ~.**
「~のようだ」の意味を表す。

It seems that Susan is sick.
（スーザンは病気のようだ）
→ Susan seems to be sick. (→p.227)

*** It happens that ~.** は「たまたま~だ」。

It happened that we were in Kobe. （たまたま私たちは神戸にいた）

(2) 〈be 動詞＋形容詞＋that ~〉の文型

I **am sure** (**that**) he will succeed.
（彼が成功するのは確かだと思う）
→ I am sure of his success.

THE CHECK

- □ ① 名詞節を導く接続詞を3つあげなさい。　　　　　　　　　　　　① → p.204
- □ ② That Mr. Ito is popular among the students is no wonder.　② → p.205
　　　の文を形式主語 It を用いて書きかえなさい。

テスト直前 これだけは！ 練習問題にチャレンジ

Words & Idioms

A 各組の2文が同じ意味を表すように，空所に適当な1語を入れなさい。

(1) He seemed to have nothing to do with the accident.
　(　　　) seemed (　　　) he had nothing to do with the accident.

(2) They say that the president will resign.
　(　　　) is (　　　) that the president will resign.

(3) We are certain of her success.
　We are certain (　　　)(　　　) will succeed.

(1) *have nothing to do with* ～
　～と全く関係がない
(2) *president* 社長
　resign [rizáin] 辞職する
(3) *be certain of* ～
　～を確信している

B 次の英文を日本語になおしなさい。

(1) It is doubtful whether his new idea will interest them.

(2) I wonder if he will be glad to get my letter.

(3) Fred made it clear that he objected to the proposal.

(1) *doubtful* [dáutfəl] 疑わしい
(3) *object to* ～
　～に反対する
　propósal 提案

C 日本文の意味を表すように，英文の空所をうめなさい。

(1) 事実は彼女が犬をこわがっているということである。
　The fact is ＿＿＿＿＿＿＿＿＿＿＿＿＿＿＿＿.
(2) 知子が来られるかどうかを知っていますか。
　Do you know ＿＿＿＿＿＿＿＿＿＿＿＿＿＿＿?
(3) なぜ彼がその計画を断念したかは今でもなぞである。
　It is still a mystery ＿＿＿＿＿＿＿＿＿＿＿＿＿.

(1)「～をこわがる」
　be afraid of ～
(3)「～を断念する」
　give up ～

D 次の文を英語になおしなさい。

(1) 困ったことは，だれも中国語を話せないことだった。

(2) 彼が生きているかどうかは確かではない。

(3) 私には父は何でも知っているように思える。

(1)「困ったこと」
　trouble
　「中国語」
　Chinése
(2)「確かな」 *certain*
　「生きている」 *alive*

考え方

(1) ⟨S + seemed to ～⟩ → ⟨It seemed that ～⟩ の書きかえ。「彼はその事件と全く関係がないようだった」の意味。

(2) **They say that ～.**（～だそうだ）を受動態の形に書きかえる。「社長は辞めるそうだ」の意味。

(3) **be certain that ～**（～ということを確信している）の形。that のあとは ⟨S + V⟩。「私たちは彼女の成功を確信している」の意味。

---

(1) **It is ～ whether ...** で，It は whether 以下の節の内容をさす形式主語。

(2) **I wonder ～.** で「～かしら」の意味。「～」の内容が次の if 以下に示されている。

(3) ⟨S+V+it ～ that ...⟩ の文型で，it は that 以下の内容をさす形式目的語。**make it clear that ...**「…ということを明らかにする」

---

(1) ⟨S + V + C[=名詞節]⟩ の文型。「～ということ」だから that ～ の節。

(2) ⟨S + V + O[=名詞節]⟩ の文型。「～かどうか」だから if[whether] ～ の節。「来られる」は will be able to come と未来の形にする。

(3) ⟨It is ～＋名詞節⟩ の文型。「なぜ」があるから why ～ で始まる節。

---

(1) 「困ったことは～」は **The trouble is that ～.** の形。

(2) 「彼が生きているかどうか」を if[whether]で始まる節にする。**It is ～ if[whether] ...** の形。

(3) 「～に思える」は **It seems that ～.** の形。「私には」は to me の形にして seems のあとにおく。

答

(1) It, that
(2) It, said
(3) that, she

---

(1) 彼の新しいアイデアが彼らに興味を起こさせるかどうかは疑わしい。

(2) 彼は私の手紙を受けとって喜ぶかしら。

(3) フレッドはその提案に反対であることを明らかにした。

---

(1) (The fact is) that she is afraid of dogs.

(2) (Do you know) if [whether] Tomoko will be able to come?

(3) (It is still a mystery) why he gave up the plan.

---

(1) The trouble was that nobody could speak Chinese.

(2) It is not[isn't] certain if [whether] he is alive.

(3) It seems to me that my father knows everything.

2 未来完了は未来のある時が基準

現在と未来のある時，例えば今から1か月先まで，ある動作や状態が続いていたり，その間にいろいろな事柄を経験するような場合，**未来完了形**を用いて表現する。具体的には次のような場合である。

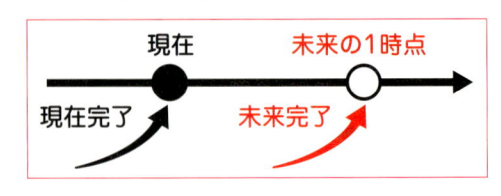

1 君が今度来る時までには，この絵を仕上げておきますよ。楽しみにしていてください。
  └→ 基準となる時

2 もしもう一度中国へ行けば，太郎は3度行ったことになる。僕も一度でいいから行きたいな。

未来完了形は〈**will have**＋過去分詞〉の形で，未来のある時を基準にして，現在完了と同じように「完了・結果」「経験」「継続」を表す。

未来完了形＝ will have ＋過去分詞

基本例文

1□ I **will have finished** this painting by the time you come again.
　　（君が今度来る時までに，この絵を仕上げておきます）　〈完　了〉

2□ If Taro goes to China again, he **will have visited** the place three times.　（もう一度中国へ行けば，太郎はそこへ3度行ったことになる）〈経　験〉

3□ Next May he **will have been** in Japan for five years.
　　（次の5月で，彼は日本に5年間いることになる）　〈継　続〉

(1) **完了・結果**：「(その時には)～してしまっているだろう」(例文 1)

　I'll have done this work by eight.
　　（8時までにはこの仕事を済ませてしまっているでしょう）

　未来完了が「完了」の意味を表す場合は，by ～で始まる副詞句[節]がよく用いられる。
　　by tomorrow（明日までに），by the time spring comes（春が来るまでに）など

(2) **経験**：「(その時までに)～したことになるだろう」(例文 2)

　I'll have read the Bible five times if I read it again.
　　（もう一度聖書を読めば，私はそれを5回読んだことになるでしょう）

(3) 継続：「(その時まで)ずっと〜しているだろう」(例文 3)

状態の継続を表す場合，未来完了形を用いる。動作の継続を表す場合は**未来完了進行形**〈**will have been -ing**〉が用いられる。

Keiko **will have been studying** English for five years next April.
（今度の4月で，恵子は5年間英語を勉強していることになる）

未来完了進行形の形は，実際に用いられることは少ない。

注意 時や条件を表す副詞節の中では，未来完了形の代わりに現在完了形を用いる。

I'll go out with you when I **have written** the letter. 〈時を表す副詞節〉
（手紙を書き終えたら，一緒に出かけましょう）

Please wait until I **have finished** my homework.
（宿題が終わってしまうまで待ってください）

〈テストに出るぞ！〉

POWER UP

英語の時制には全部で12種類ある。基本となるのは，現在・過去・未来の3時制で，それぞれに進行時制と完了時制がある。

基本時制	現　在 I wait.	過　去 I waited.	未　来 I will wait.
進行形	現在進行形 I am waiting.	過去進行形 I was waiting.	未来進行形 I will be waiting.
完了形	現在完了 I have waited.	過去完了 I had waited.	未来完了 I will have waited.
完了進行形	現在完了進行形 I have been waiting.	過去完了進行形 I had been waiting.	未来完了進行形 I will have been waiting.

THE CHECK

- ① 過去完了形の形を答えなさい。　　　　　　　　　　　　　　① → p.208
- ② 大過去は(　　　　)のある時より(　　　　)に起こった事柄を表す。　② → p.209
- ③ 過去完了進行形の形を答えなさい。　　　　　　　　　　　　③ → p.209
- ④ 未来完了形の形を答えなさい。　　　　　　　　　　　　　　④ → p.210
- ⑤ 時や条件を表す副詞節の中では，未来完了形の代わりに何を用いますか。　⑤ → p.211

テスト直前 これだけは！ 練習問題にチャレンジ

A 次の文の( )内から，正しい語(句)を選びなさい。
(1) Yesterday I (had met, met) Mr. Yamamoto, whom I (had not seen, have not seen) for more than five years.
(2) When I saw him, he (had waited, had been waiting) for the bus over an hour.
(3) I will lend you the book when I (have done, will have done) with it.
(4) Kate (will live, will have lived) in Osaka for ten years next year.

B 次の文の空所に，( )内の日本語に当たる英語を書きなさい。
(1) I _____ home when he came.　　（ちょうど帰ったところだった）
(2) If I go there once more, I _____ there three times.　　（行ったことになる）
(3) She _____ a long letter for some time when I called on her.　　（書いていた）
(4) Mr. Smith _____ English in our school for ten years next March.　　（教えていることになる）

C 次の英文のうち，正しくない文の番号を答えなさい。
(1) He bought a wallet, but he lost it the next day.
(2) I've finished this task by the time he comes back.
(3) They had been playing chess when I entered the room.
(4) I'll go out shopping when I'll have finished this work.
(5) I had been knowing the fact before he told it to me.
(6) The plane had taken off when he got to the airport.

D 次の文を英語になおし，下線部を補いなさい。
(1) 彼はロンドンでとったたくさんの写真を私に見せてくれた。
　　He showed _____.
(2) 今度の7月で彼女は日本に4年間いることになる。
　　Next July _____.

Words & Idioms
(1) *more than* ~　～以上
(3) *have done with* ~　～を終えてしまう
(2) *once more*　もう一度 [= *again*]
(3) *for some time*　しばらくの間
call on ~　（人を）訪問する
(1) *wallet*　札入れ
(6) *take off*　離陸する
(1)「写真をとる」　*take a picture*

Check your Answers, OK?

考え方

(1) yesterday が基準になる過去の時である。
(2) **wait** は動作を表す動詞だから，継続を表すには進行形を用いる。
(3) when 以下は「時」を表す副詞節。**時や条件を表す副詞節の中では未来完了形は用いない。**
(4) 「来年で大阪に10年住んだことになるだろう」という未来の「完了・結果」を表している。

答

(1) met, had not seen
(2) had been waiting
(3) have done
(4) will have lived

---

(1) 過去完了形の文にする。
(2) 未来のある時点までの「経験」を表す文。「行ったことがある」は have gone ではない。
(3) 過去のある時点までの「継続」を表す文。write は動作を表す動詞だから進行形。
(4) 未来のある時点までの「継続」。未来完了形，未来完了進行形のどちらを用いてもよい。

(1) had just come
(2) will have been
(3) had been writing
(4) will have taught あるいは will have been teaching

---

(1) 古いほうから順番に述べている。
(2) 「仕事を済ませてしまっている」は，未来完了形。
(3) その時までの動作の「継続」を表している。
(4) when 以下は「時」を表す副詞節。現在完了形にする。
(5) know は**状態**を表す語。**進行形にしない。**
(6) 飛行機の離陸は到着以前のできごと。

(2), (4), (5)

---

(1) 「ロンドンで写真をとった」は「私に見せてくれた」という過去の時よりも以前の時だから，過去完了形で表す。
(2) 未来のある時点（今度の7月）までの「継続」を表す文である。

(1) (He showed) me a lot of pictures that he had taken in London.
(2) (Next July) she will have been in Japan for four years.

28 完了形(2)

29 助動詞 (2)
will, shall; would, should など

1 will, shall; would, should

　未来を表す助動詞 will, shall とその過去形 would, should は，単に時制を表現する以外にいろいろな意味を表す。

1 will, shall の注意すべき用法

基本例文

1☐ She **will** *have her own way.　　　　　　　　　　　〈主張・固執〉
　　（彼女は自分のしたいようにするといってきかない）
　　　　　　　　　　　　　　　　　　*have ~'s own way　~の思いどおりにする

2☐ All fines **shall** be in cash.　　　　　　　　　　　　〈規則・法令〉
　　（罰金はすべて現金にて支払うものとする）

● will には次のような用法がある。

(1) **主張・固執**　（どうしても~しようとする）（例文 1）

　　この用法は無生物が主語の場合でも用いられる。

　　This door of my house **will not**[**won't**] open.
　　（我が家のこのドアはどうしても開かない）

(2) **習慣・習性**　（とかく~しがちである）

　　Accidents **will** happen.
　　（事故は起こりがちなものだ）

(3) **推量**　（~だろう）

　　She **will** be at school now.
　　（彼女は今頃は学校にいるだろう）

● shall には次のような用法がある。

(1) **規則・法令**　（~すべし，~するものとする）（例文 2）

　　A member **shall** pay the *annual membership dues.
　　（会員は年会費を支払うものとする）*annual 年ごとの

(2) **命令・予言**　（~すべし）

　　You **shall** not kill.　（なんじ殺すなかれ）〔聖書〕

　　shall のこれらの用法は，いずれも文語的または古語的な用法である。

❷ would, should の用法

基本例文

1□ She **would** practice the piano after supper. 〈過去の習慣〉
（彼女は夕食後よくピアノの練習をしたものだ）

2□ You **should** pay the money at once. 〈義務・当然〉
（あなたはすぐにそのお金を払うべきだ）

3□ It is natural that he **should** get angry with his brother.
（彼が弟に腹を立てるのも当然だ） 〈感情・判断〉

● would には次のような用法がある。

(1) **過去の習慣**（よく～したものだった）（例文 1）

We **would** often play in the park when we were schoolboys.
（私たちは小・中学生の頃，よくその公園で遊んだものだった）

would がこの意味を表す場合は often, sometimes などの副詞を伴うことが多い。

(2) **過去の強い意志・固執**（どうしても～しようとした）

The patient **wouldn't** take any medicine.
（その患者はどうしても薬を飲もうとしなかった）

(3) **勧誘・依頼などのていねいな表現**

Would you tell me your telephone number?
（電話番号を教えていただけませんか）

would like to ～で，「～したいのですが」という意味になる。

I **would like to** listen to the CD. （そのCDを聞きたいのですが）

> 1つの助動詞がいろいろな意味を表すんだ。どの意味かは文脈から判断しよう。

● should には次のような用法がある。

(1) **義務**（～すべきだ）**・当然**（当然～するはずだ）（例文 2）

You **should** not speak so loud. （そんな大声で話すものじゃない）

(2) 感情や是非の判断を表す語に続く**that**節の中で用いられる（例文 3）。

It is surprising that he **should** make such a mistake. （彼がそんな間違いをするとは驚きだ）

なお，特に感情を入れない場合は should を用いない。

→ It is surprising that he makes such a mistake.

〈感情・是非の判断を表す語〉
strange, necessary, right
不思議な　必要な　正しい
wrong, surprising, a pity
まちがった　驚くべき　残念なこと

(3) 提案・命令・要求などを表す語に続く**that**節の中で用いられる。ただし，アメリカ英語ではふつうこの should は省略される。

The doctor suggested that I (**should**) take a rest. （医者は私に休養をとるべきだと言った）

〈提案・命令・要求を表す語〉
order, decide, demand
命令する　決定する　要求する
insist, propose, suggest
主張する　提案する　提案する

2 その他の助動詞

これまで学んだ助動詞以外に，used to, ought to のように2語で1つの助動詞と同じ働きをするものや，need, dare のように動詞としても助動詞としても用いられるものがある。

1 used to, ought to の用法

基本例文

1☐ Father **used to** read the newspaper before breakfast. →動詞の原形
（父は朝食前に新聞を読むのが習慣だった）

2☐ We **ought to** respect *cultural diversity.
（私たちは文化の違いを尊重すべきだ）*cultural diversity　文化の違い

● **used to**（2語で [júːstə] と発音する）は would と同様に**過去の習慣**を表す（例文1）。
また，**現在と異なる過去の状態**をも表す。

There **used to** be a church over there. （以前はあそこに教会があった〔今はもうない〕）

注意 used to と be used to -ing
この2つを混同しないこと。be used to -ing は「〜するのに慣れている」という意味を表す。

I **used to** sit up late at night.
（私は夜ふかしをするのが**常だった**）

I **am used to** sitting up late at night.
（私は夜ふかしをするのに**慣れている**）

● **ought to** は「〜すべきだ，当然〜するはずだ」で**義務・当然**を表す。
should の(1)の用法（➡p.215）とほぼ同じと考えてよい（例文2）。

Ought I **to** trust him? —— Yes, I think you **ought to**.
（彼を信用すべきでしょうか。—— ええ，そうすべきだと思います）

2 need, dare の用法

どちらも**否定文・疑問文でのみ**助動詞としての用法がある。肯定文では動詞として用いる。
You **need** to speak louder. （もっと大きな声で話すことが必要です）➡動詞としての用法

need	〜する必要がある　＊**need not = don't have to** である。
dare	〜する勇気がある，思い切って〜する

基本例文

1☐ **Need** my brother go, too? —— No, he **needn't**. =doesn't have to
（私の弟も行く必要がありますか。—— いいえ，その必要はありません）

2☐ I **dare** not ask him the question.
（私は彼にその質問をする勇気がない）

3　助動詞＋完了形

助動詞のあとに完了形〈have＋過去分詞〉が続くと，いずれも過去の事柄についての推定や判断などの気持ちを表す。次の表で整理しておこう。

cannot	＋ have ＋過去分詞	～したはずがない
may		～したかもしれない
must		～したにちがいない
should ought to		～すべきだったのに（実際はしなかった） 当然～しているはずだ
need not		～する必要はなかったのに（実際はしてしまった）

基本例文

1□ She **cannot have** *lost her way.
（彼女が道に迷ったはずがない）　*lose ～'s way　道に迷う

2□ The boy **may have told** a lie.
（その少年がうそをついたのかもしれない）

3□ Her mother **must have been** a beauty when she was young.
（彼女のお母さんは若いころは美人だったにちがいない）

You **should [ought to] have seen** the film.
（君はその映画を見るべきだったのに）　➡実際は映画を見なかった

You **need not have called** on my uncle.
（君は私のおじを訪れる必要はなかったのに）　➡実際は訪れた

比較
{ **need not** ＋完了形（～する必要はなかったのに）
{ **didn't need to** ～（～する必要はなかった）

He **need not have come** so early.
（彼はそんなに早く来る必要がなかったのに）　➡実際は来てしまった

He **didn't need to come** so early.
（彼はそんなに早く来る必要がなかった）　➡来たかどうかは不明

THE CHECK

□ ① would は「　　　　」〔過去の習慣〕，「　　　　」〔過去の強い意志〕，「～していただけませんか」〔依頼〕などの意味を表す。　　①→ p.215

□ ② used to, ought to の意味を答えなさい。　　②→ p.216

□ ③〈may have ＋過去分詞〉〈must have ＋過去分詞〉の意味を答えなさい。　　③→ p.217

テスト直前 これだけは！ 練習問題にチャレンジ

Words & Idioms

A 次の文の（　）内の語のうち，適当なほうを選びなさい。
(1) Dogs (will, shall) bark at strangers.
(2) It is necessary that she (shall, should) answer at once.
(3) (Would, Should) you do me a favor?
(4) It's dark now. You (would, should) go by taxi.
(5) He (would, should) go in spite of our warning.

(3) *do ～ a favor*
～の願いをきく
(5) *in spite of ～*
～にもかかわらず
warning 警告

B 次の文の空所に，〔　〕内の適当なものを選んで入れなさい。
(1) We (　　) keep our promise once we have made it.
(2) She (　　) not complete the task herself.
(3) I (　　) drink coffee, but I don't like it any more.
(4) How (　　) you say such a thing to me?
(5) I (　　) have seen him, but I don't remember where.
〔need／may／ought to／dare／used to〕

(1) *once ～*
いったん～すれば
(2) *complete*
完成させる
task 仕事，課題

C 次の英文を日本語になおしなさい。
(1) I dare not ask him where he got the money.

(2) You should have accepted the offer immediately.

(3) It is a great pity that you should miss the opportunity.

(4) You need not have got up so early today.

(2) *immediately*
ただちに
(3) *miss*
～を逃がす
opportunity
機会

D 日本文の意味を表すように，（　）内の語(句)を並べかえなさい。
(1) 私たちは講義のあとよく２人でコーヒーを飲んだものでした。
　We (together / have / often / coffee / would) after the lecture.

(2) その指輪は金であったはずがない。
　(have / the ring / been / can't / gold).

(1) *lecture*
講義

Check your Answers, OK?

考え方

(1) **習性**を表す助動詞。
(2) **感情・判断**を表す形容詞が前に来ている。
(3) ていねいな依頼の文である。
(4) 前の文がヒント。**義務**を表す助動詞。
(5) in spite of ～がヒント。過去の強い意志・固執を表す助動詞。

----

(1) 「約束を**守るべきだ**」の意味。
(2) 「彼女は自ら課題を完成する**必要はない**」の意味。
(3) **過去の状態**を表す助動詞。
(4) 「私に向かってよくそんなことが言えるな」という意味。How dare ～? で「よくまあ～できるものだ」の意味を表す。
(5) **過去に対する推量**を表す文。「～したかもしれない」の意味。

----

(1) **dare not** ～ 「あえて～しない」
(2) 〈**should have** ＋過去分詞〉で「～すべきであった(実際はしなかった)」の意味。
(3) 感情を表す語のあとの **that** 節中で用いられる **should**。とくに日本語に訳す必要はない。
(4) 〈**need not have** ＋過去分詞〉で「～する必要はなかったのに(実際はした)」の意味。

----

(1) 過去の習慣を表す **would**。
(2) 「～だったはずはない」〈**cannot have** ＋過去分詞〉を用いる。

答

(1) will
(2) should
(3) Would
(4) should
(5) would

----

(1) ought to
(2) need
(3) used to
(4) dare
(5) may

----

(1) 私は彼がそのお金をどこで手に入れたか、あえてたずねない。
(2) あなたはその申し出をすぐ受け入れるべきであった。
(3) あなたがその機会を逃すとは本当に残念です。
(4) あなたは今日そんなに早く起きる必要はなかったのに。

----

(1) (We) would often have coffee together (after the lecture).
(2) The ring can't have been gold.

29 助動詞(2) **219**

30 受動態 (2)

「驚く」「興味がある」も英語では受動態

1 群動詞の受動態

群動詞とは laugh at (〜を笑う), take care of 〜 (〜の世話をする) など, 2語または3語で1つの他動詞と同じ働きをする動詞を中心とした句のことである。

群動詞を1つの動詞と考えて受動態をつくる。

The girl *laughed at* me.
→ I **was laughed at** *by* the girl. （私はその少女に笑われた）
　　　　　　　　↑このatを忘れるな!

受動態の文でも, 過去分詞となった **laughed** と **at** は離れないことに注意。

基本例文

1☐ My classmates made fun of me.
　→ I **was made fun of** *by* my classmates.
　　（私はクラスメートにからかわれた）

2☐ She *takes* good *care of* the baby.
　→ ① The baby **is taken** good **care of** *by* her.
　→ ② Good **care is taken of** the baby *by* her.
　　（その赤ちゃんは彼女に十分世話されている）

Q 例文2では, なぜ2通りの受動態ができるのですか。

A take care of を1つの動詞とみなした①の受動態が一般的です。ただし, take care of は〈動詞＋名詞＋前置詞〉という形をしており, 動詞 take の目的語である good care を主語とした受動態も可能です。その場合は②の受動態となります。このような受動態は名詞に good, much, little などの形容詞がついている場合に限られます。

〈いろいろな群動詞〉

〈動詞＋前置詞〉…**look after** (〜の世話をする), **bring up** (〜を育てる), **rely on** (〜を当てにする), **put off** (〜を延期する), **speak to** (〜に話しかける)

〈動詞＋副詞＋前置詞〉…**look up to** (〜を尊敬する), **put up with** (〜を我慢する), **speak well of** (〜を賞賛する)

〈動詞＋名詞＋前置詞〉…**pay attention to** (〜に注意する), **catch sight of** (〜を見つける), **make fun of** (〜をからかう)

2　by 以外の前置詞を用いる受動態

受動態の行為者はふつう by ~(~によって)で表されるが，by 以外の前置詞が用いられることもある。多くの場合，〈be 動詞＋過去分詞＋前置詞〉をひとまとめにしてイディオム的に覚えておくとよい。

> **基本例文**
> 1□ A lot of people **were surprised at** the news.
> 　　(多くの人がその知らせを聞いて驚いた)
> 2□ **Are** you **satisfied with** the result of the exam?
> 　　(あなたは試験の結果に満足ですか)
> 3□ His name **is known to** most Americans.
> 　　(彼の名前はたいていのアメリカ人に知られている)

(1) **感情・心理を表す場合**——英語では「驚く」「喜ぶ」などの感情を表すのに受動態を用いるが，この場合，by 以外の前置詞を用いることが多い。

She **is** very **pleased with** her present.
(彼女はプレゼントがとても気に入っている)

John **is interested in** Japanese culture.
(ジョンは日本文化に興味を持っている)

They **are excited about** going hiking.
(彼らはハイキングに行くのにわくわくしている)

be surprised at(~に驚く) / **be satisfied with**(~に満足する) /
be disappointed in [at](~に失望する) / **be scared of**(~をこわがる) /
be excited at [about](~に興奮する) / **be interested in**(~に興味がある) /
be pleased with [about](~を気に入る，喜ぶ) /
be shocked at(~にショックを受ける) など

(2) **その他の場合**

The ground **is covered with** fallen leaves.
(地面は落ち葉でおおわれている)

The beach **was crowded with** holidaymakers.
(浜辺は行楽客でいっぱいだった)

The desk **is made of** wood.　　　　　　　　　　　　　　〈材　料〉
(机は木でできている)

Bread **is made from** wheat.　　　　　　　　　　　　　　〈原　料〉
(パンは小麦からつくられる)

材質が変化しない場合は of，変化する場合は from を用いる。

be covered with（～でおおわれている）/ be known to（～に知られている）/
be filled with（～でいっぱいである）/
be made of [from]（～で[から]つくられている）/
be caught in（〔雨など〕にあう）/ be crowded with（～で混雑している）/
be engaged in（～に従事している）/ be dressed in（～の服を着ている）など

3 完了形・進行形の受動態

基本例文

1□ They have sold all the cakes.
　→ All the cakes **have been sold**.　　〈現在完了形の受動態〉
　（ケーキはすべて売れてしまった）

2□ They are building a new house.
　→ A new house **is being built**.　　〈進行形の受動態〉
　（新しい家が今建てられているところだ）

1 完了形の受動態

現在完了の場合は have / has を，過去完了の場合は had を用いて〈have[has, had] been ＋過去分詞〉（例文 1）となる。〈been ＋過去分詞〉の部分は変化しない。

They have just cleaned the room.
　→ The room **has** just **been cleaned**.
　　（部屋はちょうど掃除されたところだ）

She had cooked the meal before Ben came.
　→ The meal **had been cooked** by her before Ben came.
　　（ベンが来るまでに，食事は彼女によって料理されていた）

疑問文は〈**Have[Has, Had]**＋主語＋ **been** ＋過去分詞～？〉，否定文は〈**have[has, had] not been** ＋過去分詞〉の形になる。

過去完了形の受動態には had を使うのね。

2 進行形の受動態

進行形の受動態は〈**be動詞＋being＋過去分詞**〉（例文 2）で，〈being ＋過去分詞〉の部分は変化せず，be 動詞が人称・数により変化する。

The student is reading the book.
　→ The book **is being read** by the student.
　　（その本がその学生によって読まれています）

疑問文は〈Be動詞＋主語＋ being ＋過去分詞〜？〉，否定文は〈be動詞＋ not being ＋過去分詞〉の形になる。

POWER UP

1 「生まれる」「けがをする」は受動態で表現する。

誕生・結婚・事故などは，英語では受動態を用いて表現する。

My father **was born** in 1965.
（父は1965年に生まれた）

She **is married** to a lawyer.
（彼女は弁護士と結婚している）

About 50 people **were killed** in the fire.
（その火事で約50人の人が死んだ）

He **was** badly **injured** on his right leg.
（彼は右足にひどいけがをした）

Please **be seated**.
（どうぞお座りください）

他に **be hurt**（けがをする），**be drowned**（おぼれ死ぬ），**be engaged to**（〜と婚約している），**be delayed**（遅れる）など

2 「被害」を表す〈have [get] ＋目的語＋過去分詞〉

この形も「〜される」という意味を表す。

I **had** *my hat* **blown** off by the wind.
（私は風に帽子を吹き飛ばされた）

She **got** *her handbag* **snatched** off.
（彼女はハンドバッグをひったくられた）

THE CHECK

- ① 「彼はその少年に笑われた」を英語で言いなさい。　　① → p.220
- ② 「〜に知られている」を英語で言うとどう表現しますか。　② → p.221
- ③ 完了形の受動態の形を答えなさい。　　　　　　　　　③ → p.222
- ④ 進行形の受動態の形を答えなさい。　　　　　　　　　④ → p.222
- ⑤ 「彼女は野球選手と結婚している」を英語で言いなさい。⑤ → p.223

テスト直前 これだけは！ 練習問題にチャレンジ

Words & Idioms

A 日本文の意味になるよう，空所に適当な1語を入れなさい。
(1) コンサート会場は若者でいっぱいだった。
　　The concert hall was (　　　) (　　　) young people.
(2) 彼の答えには満足できない。
　　I'm not (　　　) (　　　) his answer.
(3) 私は見知らぬ人に話しかけられた。
　　I was (　　　) (　　　) (　　　) a stranger.

(3) *stranger*
　　見知らぬ人

B 次の文を受動態にしなさい。
(1) She has already cleaned the room.

(2) A lot of people speak well of him.

(3) We sent for the doctor at once.

(4) Someone was following me in the dark.

(3) *send for ～*
　　～を呼びに行かせる
(4) *follow*
　　あとについていく

C 日本文の意味を表すように，(　　)内の語句を並べかえなさい。
(1) 船に乗っていた30名が溺死した。
　　(the boat / were / thirty / on / drowned / people).

(2) 私の時計は今修理中だ。
　　(is / my / repaired / watch / being) now.

(3) 帰宅途中ににわか雨にあった。
　　(a / was / shower / I / caught / in) on my way home.

(3) *shower*
　　にわか雨
on one's way ～
　　～への途中で

D 次の文を英語になおし，下線部をうめなさい。
(1) この模型はプラスチックでできている。
　　This model _____.
(2) 私の父はたくさんの人々に尊敬されている。
　　My father _____ a lot of people.

(1)「プラスチック」
　　plástic
(2)「～を尊敬する」
　　look up to

PART2　発展編

Check your Answers, OK?

考え方

(1)(2) by 以外の前置詞を用いる受動態。
「～でいっぱいである」be filled with ～
「～に満足である」be satisfied with ～
(3) 群動詞の受動態。「話しかける」speak to ～

答

(1) filled, with
(2) satisfied, with
(3) spoken, to, by

---

(1) 完了形の受動態。受動態にしても already は has の直後におく。
(2) 群動詞の受動態。speak well of ～ 「～を賞賛する。「彼はたくさんの人に賞賛される」の意味。
(3) 群動詞の受動態。「医者はすぐに呼ばれた」
(4) 進行形の受動態。「私は暗闇の中でだれかにあとをつけられていた」

(1) The room has already been cleaned by her.
(2) He is spoken well of by a lot of people.
(3) The doctor was sent for at once.
(4) I was being followed by someone in the dark.

---

(1) 「溺死する」be drowned
(2) 進行形の受動態。〈be 動詞 + being + 過去分詞〉にする。
(3) 「にわか雨にあう」be caught in a shower

(1) Thirty people on the boat were drowned.
(2) My watch is being repaired (now).
(3) I was caught in a shower, (on my way home).

---

(1) 「～でできている」be made of ～ 材質が変化しない「材料」の場合，前置詞は of を用いる。
(2) 群動詞の受動態。「尊敬する」look up to

(1) (This model) is made of plastic.
(2) (My father) is looked up to by (a lot of people).

30 受動態(2)　225

31 不定詞(2)

〈to +動詞の原形〉だけが不定詞じゃない

1 to のない不定詞＝原形不定詞

これまで〈to +動詞の原形〉を不定詞と呼んできたが，to のない**動詞の原形だけの不定詞**(「**原形不定詞**」と言う)もある。たとえば，「そのピエロは僕を笑わせた」と言うとき，原形不定詞を用いて次のように表現する。

The clown made me **laugh**. ←原形不定詞

原形不定詞が用いられるのは，使役動詞，知覚動詞を含む文型である。

基本例文

1☐ Mother sometimes *makes* me **go** shopping.
　　　S　　　　　V　　O　 C(原形不定詞)
　　（母はときどき私を買い物に行かせる）　　　　　　　　　　　使役動詞

2☐ He *had* the secretary **write** the letter.
　　S　V　　　O　　　　C
　　（彼は秘書に手紙を書かせた）

3☐ I *heard* the boy **call** my name from behind.
　 S　V　　　O　　C
　　（その少年が背後から私の名前を呼ぶのが聞こえた）　　　　知覚動詞

4☐ She *felt* something **move** in the dark.
　　S　V　　　O　　　C
　　（彼女は暗闇の中で何かが動くのを感じた）

1 〈使役動詞＋目的語＋原形不定詞〉 (～に…させる)
　　　　　V　　　　O　　　　C

この文型に用いられるのは，「(相手に)～させる」の意味を表す動詞 make, have, let などである(例文 1, 2)。

My father *let* me **study** abroad.
　　（父は私を留学させてくれた）

● 使役動詞(～させる)
make, have, let;
get, help

注意 (1) 原形不定詞は**受動態の文では to 不定詞**になる。

(例文 1)→ I am sometimes **made to go** shopping by Mother.

なお have, let の文には受動態の形はない。

(2) 使役動詞でも **get** は **to 不定詞**を用いる。

I **got** him **to help** the lady.
　　（私は彼にその婦人の手伝いをさせた）

また help はどちらの形を用いてもよい。

Help me (**to**) **find** the key.
　　（鍵を探すのを手伝ってください）

226　PART2 発展編

2 〈知覚動詞＋目的語＋原形不定詞〉 (～が…するのを見る[聞く，など])
　　　　V　　　　O　　　C

この文型に用いられるのは，「見る」「聞く」「感じる」など知覚・感覚を表す動詞である(例文 3, 4)。

● 知覚動詞(見る，聞く，など)
see, watch; hear, listen to; feel, notice

I *felt* the ground **tremble**.
（私は大地がゆれるのを感じた）

They *listened* to Fred **play** the guitar.　（彼らはフレッドがギターをひくのを聴いた）

注意 知覚動詞を用いた文は，受動態では原形不定詞が **to** 不定詞になる。

(例文 3)→ The boy **was heard to call** my name from behind.
(例文 4)→ Something **was felt to move** in the dark (by her).

② be 動詞＋to ～, seem to～

不定詞は be 動詞や seem, appear などの動詞と結びついて特別な意味を表す。

1 be 動詞 + to ～

「予定」「義務」「運命」「可能」などの意味を表す。

Ken and I **are to meet** at seven this evening.　〈予　定〉
（健と私は今晩 7 時に会うことになっています）

You **are to get up** at seven during the seminar.　〈義　務〉
（セミナーの期間中は 7 時に起きなければならない）

The boy **was** never **to see** his family again.　〈運　命〉
（その少年は二度と家族に会うことはなかった）

No one **was to be** seen on the street.　（通りには人の姿は見あたらなかった）〈可　能〉

2 seem to ～ / happen to ～

(1) **seem [appear] to ～**　「～と思われる」「～のようだ」の意味を表す。

　　She **seems to** be kind.　（彼女は親切なようだ）
　= *It seems that* she is kind.

　　Jim **appears to** want the car.　（ジムはその車がほしいらしい）
　= *It appears that* Jim wants the car.

(2) **happen [chance] to ～**　「たまたま～する」の意味を表す。

　　He **happened to** be my friend.　（彼はたまたま私の友人だった）
　= *It happened that* he was my friend.

　　I **chanced to** visit the town last year.　（私は昨年たまたまその町を訪れた）

3 不定詞の否定形・完了形など

不定詞はもともと動詞なので，否定形や完了形・受動態・進行形といった形をとる。

基本例文

1. ☐ He tried **not to think** about the past. 〈否定形〉
   (彼は昔のことは考えないようにした)
2. ☐ She seems **to have been** abroad. 〈完了形〉
   (彼女は以前海外にいたように思われる)
3. ☐ The girl wanted **to be loved** by her parents. 〈受動態〉
   (その少女は両親に愛されたかった)

(1) **不定詞の否定形** 〈not[never] to ~〉の形(例文 1)

不定詞の否定形は，不定詞のすぐ前に **not** または **never** をおく。

　　My father told her **never to go** out.
　　(父は彼女に決して外出しないようにと言った)

(2) **不定詞の完了形** 〈to have ＋過去分詞〉の形で，述語動詞の表す時よりも不定詞の時が前であることを表す(例文 2)。

比較 不定詞の単純形と完了形

　　　She seems **to be** abroad. （彼女は海外にいるように思われる） 〈単純形〉
　→　It *seems* that she *is* abroad.
　　　　現在形　　　　　現在形
　　　She seems **to have been** abroad. （例文 2） 〈完了形〉
　→　It *seems* that she *was* [*has been*] abroad.
　　　　現在形　　　　　過去形

単純形が述語動詞と同じ時を表すのに対し，完了形は前の時を表していることに着目する。次の文だと述語動詞が過去だから，不定詞の表す時は過去より以前ということになる。

　　He seemed **to have gone** through *hardships.
　　(彼は苦難を経験したようだった)　*hárdship 苦難
　→　It *seemed* that he *had gone* through hardships.
　　　　過去　　　　　　過去完了

不定詞の完了形＝〈to have ＋過去分詞〉
➡ 述語動詞よりも前の時を表す

---

(3) **不定詞の受動態** 〈to be ＋過去分詞〉の形(例文 3)

　　I don't want **to be laughed** at. (私は笑われたくない)

(4) **不定詞の進行形** 〈to be ＋現在分詞(-ing 形)〉の形

　　My father seems **to be writing** something.
　　(父は何か書き物をしているようだ)

POWER UP

1 〈S + V + it + C + to 不定詞〉 —— it は形式目的語

〈S + V + O + C〉の文型で, O の位置に不定詞が来る場合は, **形式目的語の it** を用いて不定詞をあとに回す。

この文型をとるのは, 動詞が find, think, consider, make などの場合である。

They found **it** difficult **to make** the princess laugh.
　　 S　V　　 C　　　　 O
（彼らは王女を笑わせるのはむずかしいとわかった）

I make **it** a rule **to get** up at six every day.
（私は毎日6時に起きることにしている）

Q to で終わっている文を見かけましたが, この to は何ですか。

A 前の動詞の重複をさけるために to だけを残して, あとが省略されている形です。不定詞の代わりをしているから, **代不定詞**といわれ, 口語でよく見かけます。

You don't have to drink it if you don't want **to** (drink it). （それを飲みたくないなら飲まなくてよい）

Will you come to see us? —— Yes, I'd be glad **to** (come to see you).
（遊びに来ませんか。—— ええ, 喜んで）

2 to 不定詞を含む慣用表現を覚えよう。

to tell the truth	実を言うと
to begin with	まず第一に
strange to say	奇妙なことに
needless to say	言うまでもなく
to do ~ justice	~を公平に評すれば
to make matters worse	
	さらに悪いことに

いずれも独立的に用いられて文全体を修飾するので, **独立不定詞**と呼ばれる。

To tell the truth, I don't agree with you.
（実を言うと, 君の意見に賛成ではない）

To begin with, we had to clean the inside of the house.
（まず第一に, 私たちは家の内部を掃除しなければならなかった）

Strange to say, the lost key was put on the desk. （奇妙なことに, なくなった鍵が机の上においてあった）

To make matters worse, my mother fell ill.
（さらに悪いことに, 母が病気になった）

THE CHECK

- ① 原形不定詞が用いられるのは, どんな動詞を含む文型ですか。　①→ **p.226**
- ② 不定詞の完了形の形を答えなさい。　②→ **p.228**
- ③ 不定詞の受動態の形を答えなさい。　③→ **p.228**
- ④ 不定詞の単純形が述語動詞で「（　　　）時」を表すのに対し, 完了形は「（　　　）の時」を表す。　④→ **p.228**

テスト直前 これだけは！ 練習問題にチャレンジ

Words & Idioms

(1) *bat*
コウモリ

A 次の文を，与えられた語(句)で始まる文に書きかえなさい。

(1) I saw some bats fly in the air.
　Some bats _____.

(2) The man made me climb the cliff.
　I _____.

(3) It appears that Jack is right.
　Jack _____.

(4) It seems that Ms. Green has long been sick.
　Ms. Green _____.

(2) *cliff* [klíf]
（海岸などの）崖

B 次の文の( )内の語を正しい語順に並べかえなさい。

(1) Let (at once / go / me / to / the airport).

(2) You'll find (solve / difficult / to / the / problem / it).

(3) You (are / smoke / to / not) here.

(4) She won't come to see me because (want / doesn't / she / to).

(1) *at once*
すぐに

▲No smoking.（禁煙）
No eating or drinking.
（飲食禁止）

C 次の英文を日本語になおしなさい。

(1) Mr. Yoshida seems to have left the country.

(2) Needless to say, health is above wealth.

(3) We saw a deer come out of the forest.

(2) *above* [əbʌ́v]
～にまさって
wealth [wélθ]
富

(3) *deer*
シカ

D 次の文を英語になおし，下線部を埋めなさい。

(1) 私はナンシーが息子をしかるのを聞いた。
　I heard _____.

(2) 私は先日偶然その女性を公園で見かけた。
　I happened _____.

(1) 「～をしかる」
scold

(2) 「先日」
the other day

230　PART2　発展編

Check your Answers, OK?

考え方

(1) 受動態にかえる問題。原形不定詞が受動態では **to 不定詞**になることに注意。
(2) I を主語にした受動態の文。「私はその男に崖を登らされた」の意味になる。
(3) appear to ～ の形。主節と that 節の**時が同じ**だから，不定詞は**単純形**でよい。
(4) seem to ～ の形。that 節の**時が主節よりも前**だから，**完了形の不定詞**を使う。

答

(1) (Some bats) were seen to fly in the air.
(2) (I) was made to climb the cliff by the man.
(3) (Jack) appears to be right.
(4) (Ms. Green) seems to have long been sick.

---

(1) 「私をすぐに空港に行かせてください」という文にする。let は使役動詞（〔自由に〕～させる）。
(2) **find it ～ to ...**（…するのが～だとわかる）という〈S + V + it + C + to 不定詞〉の形。
(3) 〈be動詞＋to不定詞〉が「義務」を表す用法。not は不定詞の前におくこと。
(4) She doesn't want to (see me). の（ ）内が省略された形。

(1) (Let) me go to the airport at once.
(2) (You'll find) it difficult to solve the problem.
(3) (You) are not to smoke (here).
(4) (She won't come to see me because) she doesn't want to.

---

(1) 完了形の不定詞。seem があるから「～したようだ」となる。
(2) **needless to say** は独立的に用いられて，文全体を修飾している。
(3) 〈知覚動詞(see)＋O＋原形不定詞(come)〉の形。「～が…するのを見る」と訳す。

(1) 吉田氏はその国を去ったようだ。
(2) 言うまでもないことだが，健康は富にまさる。
(3) 私たちはシカが森から出てくるのを見た。

---

(1) 〈知覚動詞(hear)＋O＋原形不定詞(scold)〉の形。
(2) 「偶然～する」**happen to ～**
the other day は文尾におくこと。

(1) (I heard) Nancy scold her son.
(2) (I happend) to see the woman in the park the other day.

32 動名詞(2)
動名詞にも意味上の主語や完了形などがある

1 動名詞の意味上の主語

動名詞は動詞の顔(➡p.89)を持っているから，動詞同様その主語がある。動名詞の意味上の主語は示されたり，示されなかったりする。

基本例文
1. □ I am afraid of **getting** nervous.
    （私はあがらないかと心配している）
2. □ I am afraid of **his**[**him**] **getting** nervous.
    （私は**彼が**あがらないかと心配している）

(1) **意味上の主語を示さない場合**
 ① 動名詞の主語が文の主語と同じ場合(例文1)　➡ getting 〜 するのは I
 ② 動名詞の主語が「一般の人」である場合
   Seeing is believing.　（百聞は一見にしかず）　➡ 人が見ることは人が信じること
 ③ 動名詞の主語が述語動詞の目的語と同じ場合
   Thank you for coming.　（来てくれてありがとう）　➡ coming するのは you

(2) **意味上の主語を示す場合**
   動名詞の意味上の主語が文の主語と異なる場合，名詞・代名詞の所有格，または目的格を動名詞の前におく。例文2で getting 〜 するのは I ではなく he(← his, him)。
   Do you mind **my son** coming with me?　（息子が一緒に来てもかまいませんか）

2 動名詞の否定形・完了形・受動態

基本例文
1. □ One of his faults is **not coming** on time.　〈否定形〉
    （彼の欠点の一つは時間通りに来ないことだ）
2. □ She denied **having gone** there.　〈完了形〉
    （彼女はそこへ行かなかったと言った）
3. □ Jane does not like **being sent** to bed early.　〈受動態〉
    （ジェーンは早く寝かされるのをいやがる）